DELIUS KLASING

Jürgen Löhle

»Nur zum Spaß!«

Brägels neueste Ausreißversuche

Lebenshilfe für Hobby-Radsportler

Delius Klasing Verlag

Die hier vorliegenden Glossen um den Hobbyisten Brägel
und andere Freunde des Radsports erschienen in den Jahren 2004 bis 2008
im Rennradmagazin TOUR.

Bibliografische Information der Deutschen Nationalibliothek
Die Deutsche Nationalbibliothek verzeichnet diese Publikation in der
Deutschen Nationalbibliografie; detaillierte bibliografische
Daten sind im Internet über http://dnb.d-nb.de abrufbar.

1. Auflage
ISBN 978-3-7688-5271-5

Illustrationen und Titelmotiv: Cornelia von Seidlein
Schutzumschlaggestaltung: Buchholz/Hinsch/Hensinger, Hamburg
Satz: Fotosatz Habeck, Hiddenhausen
Druck: Clausen & Bosse, Leck
Printed in Germany 2008

Delius Klasing Verlag, Siekerwall 21, D - 33602 Bielefeld
Tel.: 0521/559-0, Fax: 0521/559-115
E-Mail: info@delius-klasing.de
www.delius-klasing.de

Inhalt

Gruppenhierarchie

Man kann nicht immer Erster sein – aber dauernd Letzter? Das hält selbst Brägel nicht aus …

Irgendwie war's ja klar, dass Brägels vollmundige Ankündigung nichts weiter war als heiße Luft. Von wegen: Mit sechs Wochen Vorbereitung à la Jan Ullrich fit hinauf nach Alpe d'Huez – das konnte ja nichts werden. Kurz vor unserem Aufbruch in die Alpen hat er beim letzten Test im Schwarzwald völlig versagt. Der Anstieg vom Tittisee hinauf zum Feldberg hat ihn gebrochen. Eine halbe Stunde Rückstand auf den alten Hans, bei knapp zwölf Kilometern – danach war Brägel klar, dass Alpe d'Huez ein 14 Kilometer langer Stehversuch werden würde. Als Brägel endlich am Feldberg ankam, deutete der alte Hans hinüber zum Kurheim der Caritas auf der anderen Straßenseite: »Vielleicht solltest du mal für ein paar Wochen zur Mutter-Kind-Kur.« Was haben wir gelacht.

Brägel hat nix gesagt, was in diesen Fällen bei ihm völlig normal ist. Spätestens in ein paar Tagen würde er mit einer neuen Idee ankommen, da waren wir uns sicher. Pulskontrolliertes Fatburning, lockere Grundlage statt Mega-Puls am Berg, irgendsowas. Zunächst mal kam Brägel aber gar nicht zum Stammtisch. Wo wir doch eine Überraschung vorbereitet hatten: eine Flasche »Doppelherz« und ein rosa XXL-T-Shirt, vorne mit dem Aufdruck »Mamas Liebling« und hinten »Bitte füttern und schieben«. Wir waren mächtig stolz auf diesen kreativen Akt, aber Brägel kam nicht. »Wahrscheinlich strickt er Pulswärmer«, röhrte der alte Hans. Wir mussten lachen und es wurde noch ein netter Abend.

Zwei Tage später rief Brägel an. Ich grüßte mit einem: »Ach, du bist's, alte Pfeife. Hat der arme Duziduzi noch ein bisschen Muskel-Aua?«, worüber ich erst einmal herzlich lachen musste. Aber Brägel sagte nur: »Hör' mal, ich glaube, ich fahre nicht mit zur Tour. Das hat doch keinen Sinn.« Ich entgegnete, dass er völlig Recht habe, dass es sinnlos sei, im Wandertempo an johlenden Holländern vorbei nach Alpe d'Huez zu torkeln und er sich lieber an einem flachen Radwanderweg versuchen solle; aber bitte mit Tourenrad und in Turnschuhen und Tennissocken, hahaha. Brägel sagte, so was in der Art sei wirklich besser für ihn und legte auf. Ich war glücklich wie lange nicht mehr. Sieg.

An diesem Abend haben wir vom Radclub die letzte intensive Trainingsrunde vor der Abfahrt nach Frankreich gebügelt. 60 Kilometer, richtig Druck aufs Pedal, von Anfang an Tempo, Tempo, Tempo, schließlich brauchen wir Härte für den Berg. Danach sind wir stolz auf der Terrasse gesessen, haben die rasierten Beine ausgestreckt und uns bewundert. Ich erzählte den Jungs, dass Brägel klein sei wie eine Kirchenmaus, weinerlich, formschwach, völlig am Ende. Es gab ein großes Hallo und wir haben ihn bei ein, zwei Regenerationsweizen noch ein bisschen beleidigt, was aber nicht so richtig lustig war, weil er nicht dabei war.

Beim dritten Bier fragt plötzlich einer: Wer wird denn jetzt Letzter? Schweigen. Viele Blicke fallen auf den alten Hans, manche auf mich, was ich als bodenlose Unverschämtheit empfinde. Aber es stimmt: Jede Männergruppe braucht einen Schwachen, über den sich die anderen erheben können, einen Deppen eben. Und nun? Der alte Hans? Nein, über den darf man nicht lachen. Der ist zwar auch langsam, aber für einen Mann im Rentenalter extrem fit. Und wenn einer über mich lacht, werde ich garstig und fahre, bis mir die

Milchsäure aus den Ohren schießt. Ich tauge nicht zum Opfer. Ich muss zwar nicht gewinnen, aber Letzter, nein, auf keinen Fall. Uns wird klar – wir brauchen Brägel wieder, dringend. Dem Kerl ist die Rolle des skurrilen Versagers auf den Leib geschrieben. In gewissem Sinne genießt er sie sogar – schließlich leistet er auch als Verlierer gelegentlich Erstaunliches und verblüfft uns damit. Außerdem: Brägel ist nach wie vor der wichtigste Mäzen des Radclubs. Und die Renovierung der Duschen ist noch nicht gesichert.

Kurzum: Ich werde beauftragt, Brägel zu einer Radrunde einzuladen, bei der sich dann vier von uns abhängen lassen MÜSSEN. Ich gehöre dazu, der alte Hans nicht. »Dann sieht es echter aus«, meint der Präsident. Ich weigere mich, darüber nachzudenken, was er damit sagen will.

Brägel ist tatsächlich bereit. Er käme sowieso mit nach Frankreich, sagt er, nur eben ohne Rad, als Fahrer für den Bus. Wir fahren die kleine Runde über den Hausberg (80 Höhenmeter). Schon 200 Meter vor der Steigung halten wir vier Unglücklichen die Luft an, damit wir rot im Gesicht werden. Als die Steigung spürbar wird, schalten wir heftig keuchend auf 39 x 28 und fallen in einen gequälten Wiegetritt. Die Tachoanzeige fällt auf acht km/h. Die anderen ziehen davon, Brägel am Hinterrad des alten Hans. Es klappt.

Zehn Minuten später rollen wir zum Clubheim, der Rest sitzt schon beim Bier. »Du siehst richtig mies aus«, prostet Brägel mir lachend zu, »hat Mutti heute das falsche Müsli gekocht?«. Die anderen lachen eine Spur zu laut, als dass es noch als pflichtschuldig durchgehen könnte. Ich will gerade die Beherrschung verlieren, da klopft der alte Hans Brägel auf die Schulter. »Komm, Meister, lass sie in Ruhe. Für ihre Verhältnisse war das doch ganz gut. Und dass sie mit dir nicht mitkommen – mein Gott, das wissen doch alle.« Brägel strahlt.

Mag sein, dass jede Männersportgruppe ihren Deppen braucht. Für Alpe d'Huez sehe ich aber zwei andere am Horizont. Ganz sicher.

Nomadenleben

Brägel ist auf den Geschmack gekommen: Auf den Geschmack von Freiheit und Abenteuer …

Wir haben gerade ein bisschen Ruhe im Radclub, weil Brägel samt Viola und den Kindern im Urlaub weilt. Wobei es so richtig ruhig auch nicht ist, eher heiter. Heiter gespannt. Das kam so: Vor ein paar Wochen erschien Brägel am Stammtisch und eröffnete uns, dass er direkt nach der Tour de France vier Wochen in Urlaub fahren würde – und zwar mit dem Wohnmobil. Das sei das einzig Wahre, dozierte er, man sei unabhängig von Hotels, Frühstücksbüffets und den vielen »Pauschalidioten« (Brägel). Über Frankreich und Spanien nach Portugal und zurück, Natur pur, Leben wie die Nomaden, Erkunden neuer, unbekannter Radstrecken, die große Freiheit eben. Vor einer Woche ist er losgefahren, mit einer Art rollendem Vier-Zimmer-Panzer – Satelliten-TV, zwei Schlafzimmer, Spülmaschine, separate Radgarage. Der Super-Wummer kostet am Tag so viel Miete wie ein Zimmer im Fünf-Sterne-Hotel für eine Woche, aber Brägel war glücklich – damals. Jetzt treffen fast täglich E-Mails aus dem rollenden Trumm ein. Brägels Logbuch, sozusagen. Und der Grund für unsere heiter-gespannte Stimmung …

Es ging schon nicht besonders gut los. Sechs Stunden nach der Abfahrt waren Brägels wieder zu Hause, weil der Lapp die Velos vergessen hatte. Aufgefallen war ihm das beim ersten Tankstopp, als er sich ein Bier aus der Radgarage holen wollte. Um das Beste draus zu machen, unternahmen Brägel, Viola und die Kinder mit den Rädern eine kleine Entdeckungsrunde durch die nähere Umgebung und übernachteten vor dem eigenen Haus in ihrem Panzer (Natur pur). Am nächsten Morgen starteten sie noch einmal.

Sie kommen immerhin nach Frankreich, wo Brägel an einer Mautstelle zunächst versucht, mit seinem rollenden Haus unter der Höhenbegrenzung durchzufahren. Er bemerkt seinen Irrtum, der Schaden ist überschaubar, aber seither meidet er Autobahnen. Katastrophe dann in der Nähe von Lyon, Reifenpanne. Brägel bekommt Respekt vor der Größe seiner Karre und bestellt den Notdienst. Ein freundlicher Herr vom Typ sardischer Eisenbieger entfernt das platte Rad (Superedel-Alufelge) und befestigt das Reserverad (Stahlfelge). Beim Anziehen der Schrauben verspürt Herr Kraftmeier einen Widerstand, über den er entschlossen hinwegdreht. Kraftmeier kassiert und entfernt sich. Brägel will weiterfahren, aber das Auto steht. Unverrückbar. Mit einem Tieflader wird der Koloss in eine Werkstatt für Superedel-Wohnmobile bugsiert. Diagnose: Der kräftige Herr hat die überlangen Schrauben für die Alu-Felge kurzerhand in und durch die Bremsscheibe gedreht. Das Ganze kostet Brägel zwei Tage, bis die Ersatzteile da sind, sowie den Gegenwert einer einwöchigen Flugreise nach Mauritius. Der Rechtsstreit mit dem Pannenservice, sagt Brägels Anwalt, dürfte sich etwa vier Jahre hinziehen. Um überhaupt etwas Sinnvolles zu tun, streift die Familie auf Fahrrädern durch die Umgebung des Industriegebiets von Lyon (Erkunden neuer Radstrecken) und schläft nachts hartnäckig weiter in den eigenen vier Wänden (große Freiheit).

Dafür will er den Gegenwert eines ordentlichen Alu-Rahmens. Ein Rechtsstreit mit dem Italiener sei sinnlos, mailt sein Anwalt. Viola droht mit Scheidung, falls Brägel sie noch einmal ans Steuer des Monsters zwingen sollte. Jan-Miguel will ins Hotel, die kleine Louise hat Durchfall und brüllt (große Freiheit).

Von Lyon geht es in die Alpen, wo am Lac d'Annecy zwei Tage lang tatsächlich nichts passiert. Brägel fasst neuen Mut, rumpelt weiter nach Süden. Mutiger Plan: Er will mit dem Rad über den La Bonette fahren, mit 2802 Metern die höchste befahrbare Passstraße in Europa. Viola soll mit zwei Stunden Abstand folgen und mit dem Wohn-Panzer von der Nordseite her die 1700 Höhenmeter bergwärts wummern, um ihn oben am alten Fort Restefond abzuholen.

Brägel schafft den Anstieg ohne Schieben und ohne Pause, fängt aber auf der Passhöhe nach zehn Minuten Warten in eiskaltem Wind an zu frieren. Keine Viola, kein Handy-Netz. Nach einer Stunde rollt er langsam zurück, zehn Kilometer, dann hat er seine Familie wieder und eine dicke Rechnung in der Hand. Viola hatte ein Stück rückwärts fahren müssen, weil ihr auf der engen Straße ein italienisches Wohnmobil entgegengekommen war. Dabei krachte sie mit dem rechten Heck des Panzers in die Leitplanke. Der Pannendienst hat mit beherzten Hammerschlägen den verbogenen Radkasten so malträtiert, dass sich das rechte Hinterrad wieder frei dreht.

Die vorläufig letzte Mail kommt von einem Campingplatz in der Nähe von Rosas in Spanien. Brägel berichtet, dass sein Super-Wummer sicher und stabil neben dem Sanitärblock mit 200 Duschen und Klos steht, auf einem Platz, wo die »Jugend Europas jede Nacht fröhliche Partys feiert« (O-Ton Brägel). Das Radfahren sei allerdings schwierig, da auf den Straßen ziemlich viel los sei. Außerdem hätte er ein technisches Problem am Rad gehabt: Einen Platten am Hinterrad mit fürchterlichen Auswirkungen, da in ganz Rosas kein Schlauch mit Langventil für seine altmodische Shamal-Felge aufzutreiben ist. Gestern hat er sich ein komplett neues Hinterrad gekauft, ist eh' schon egal. »Dafür«, schreibt uns Brägel, »sind die anderen glücklich und baden im Meer. Viola tanzt in der Gymnastikgruppe mit einem öligen Animateur Lumumba, oder wie das heißt, und will nicht mehr mit mir Rad fahren.« Brägel hat ausgerechnet, dass er bisher den Gegenwert einer sechswöchigen Luxuskreuzfahrt verjubelt hat. »Aber«, so endet die letzte Mail, »wir fahren auf jeden Fall noch in die Pyrenäen.«
Wir sind weiterhin heiter gespannt.

Operation Clubfrieden

Brägel in Top-Form? Das muss verhindert werden

Das war kein Spaß an den vergangenen Samstagen, wirklich nicht. Die Trainingsrunden mit dem Radclub gerieten immer mehr zur Brägel-Show. Früher haben wir den Kerl immer schön abgehängt und unseren Spaß gehabt. Aber seit er den Triathlon für sich entdeckt hat, fährt er uns aus den Schuhen. Regelmäßig und gnadenlos. Wir haben trainiert, dreimal pro Woche, bei Hitze und Regen – ohne Erfolg. Der Lapp bringt sich langsam aber sicher in die Form seines Lebens und stört damit das soziale Gefüge im Radclub empfindlich. Bleibt die Frage: Wer ist künftig der Depp im Club? Eine Zeit lang haben wir den alten Hans am letzten Berg abgehängt, aber das ist kein richtiger Spaß. »Brägel muss wieder Brägel werden«, brachte es der Präsident neulich bei einer Krisensitzung auf den Punkt. Und dann haben alle mich angeschaut. »Regle du das«, sagte der alte Hans, »du kennst ihn am besten.«

Also habe ich Brägel besucht. Ich treffe auf eine glückliche Familie, propere Kinder mit rosigen Gesichtern, einen tatsächlich braven Hund. Ein Bild wie aus dem Prospekt des Familienministeriums. Einfach widerlich. Brägel sei ja soooo ausgeglichen, seit er soooo gesund lebe und trainiere, schwärmt Viola. Brägel löffelt selig lächelnd irgendeinen zementartigen Brei, der unsympathisch gesund aussieht und riecht wie angegorene Babynahrung. »Wir fliegen im Herbst noch zehn Tage nach Mallorca. Morgens Schwimmen, mittags 80 Kilometer Rad, abends noch ein Stündchen Laufen – wegen der Winterform und wegen Hawaii 2005«, erklärt er mir. »Mitte November komme ich wieder in den Radclub.« Klingt wie eine Drohung.

Nächste Krisensitzung im Club. Die absurdesten Ideen werden geboren: Ausschluss aus dem Club? Geht nicht, Brägel ist der größte Spender. Doping? Bei uns natürlich, nicht bei ihm. Einer schlägt vor, dass sich jemand an Viola ranmachen solle. Alle schütteln den Kopf, nur der alte Hans hält die Idee für gar nicht so schlecht und bringt sich gleich als Kandidat ins Gespräch. Als einer gar die Entführung von Jan-Miguel aufs Tapet bringt, brechen wir ab und ordern eine Runde Resignationsweizen. »Brägel ist jetzt der Star und wird nächstes Jahr Clubmeister«, heult der Präsident nach der zweiten Runde Bier. Nach der dritten brechen wir auf, ich will früh

nach Hause, im Internet noch nach einer EPO-Quelle suchen. Zu Hause fällt mein Blick aufs Buchregal, und da steht plötzlich die Lösung: Tom Sawyer.

Nächster Samstag, Brägel kommt zur Trainingsrunde. »Fahr du vor, wir haben eh keine Chance. Wir hängen uns rein, so lange wir können, so hat jeder was davon«, sage ich. Brägel lächelt ölig: »Gerne, Jungs, sehr gerne.« Ab geht's, Brägel tritt sauber rund und verdammt hart. Wir lassen dafür früher reißen, als wir eigentlich müssten. »Was ist los, dicke Beine?«, ruft er nach hinten. »Jaha«, antworten wir im Chor, »Tschüss Lance, fahr schon mal vor und bestell 'ne Runde.« Brägel rast glücklich weiter, wir fahren noch langsamer. Er nimmt uns eine halbe Stunde auf 60 Kilometern ab und wartet ganz nervös im Clubheim. »Super Brägel, ganz große Klasse«, sage ich, »gehst du jetzt zum Schwimmen?« Brägel gibt sich jovial: »Nein, für heute reicht es.« Ich nicke: »Gut, aber du wirst dich langweilen, wir reden jetzt nämlich über unsere nächsten Feiern.« Brägel schaut ein wenig dämlich, wenigstens das hat sich nicht geändert. Er fragt, ob wir ihn nicht dabei haben wollen? »Natürlich sollst du kommen«, antworte ich, »aber was willst du da? Wir werden GRILLFLEISCH essen und ALKOHOL trinken, der alte Hans wird seine stinkende Pfeife RAUCHEN, willst du dich vergiften, knapp ein Jahr vor Hawaii?« – »Brägel wird kommen, ein Bier trinken und dann wieder nach Hause gehen«, ruft der Präsident. Dann strahlt er Brägel an: »Wir sind ja soooo stolz auf dich.« Ich bestelle Schnitzel mit Pommes und viel Ketchup. Den Rest des Abends trinken wir noch ein bisschen mehr als sonst, planen ein herbstliches Wochenende mit Rittermahl und Weinprobe und loben immer wieder Brägel's Disziplin. Als Brägel tatsächlich ein drittes Bier bestellen will, sagt der Präsident. »Lass mal, Alter, denk immer an den Ironman auf Hawaii, wir sind doch deine Fans.« Danach wendet er sich wieder uns zu und wir planen das große Weihnachtsessen.

In der kommenden Woche rufen wir immer wieder bei Brägel an, lassen uns Tipps zur gesunden Ernährung geben und erbitten untertänigst Triathlon-Trainingspläne für Anfänger. »Du bist mein großes Vorbild«, sülze ich ins Telefon. Am nächsten Samstag überreicht ihm der Präsident eine Packung Blutreinigungstee und ein Trikot in Regenbogenfarben: »Brägel 2005 – unser Mann ist der Beste.« Wir applaudieren gerührt, Brägel scheint irritiert, lächelt aber. Nach der Runde, die er 35 Minuten vor uns beendet, sprechen wir über eine Silvesterfeier mit fettem Karpfen. »Brägel machen wir Vollkorn-Spaghetti mit einem feinen Lauchsößchen«, sagt der Präsident. »Ich will aber auch Karpfen«, jammert er. »Das ist nix für einen Champ«, sagt der alte Hans. Alle nicken, Brägel geht früh.
Zwei Tage später ruft er an. »Kannst du uns morgen zum Flughafen fahren, du weißt schon, Mallorca, und wir haben so viel Gepäck.« Ich bin geknickt, sage aber zu und lobe zum Abschied seine Schönheit und Stärke. Alles verloren, Brägel drückt noch einmal zehn Tage richtig drauf, wir werden weiter damit leben müssen, dass der Lapp plötzlich der Star ist. Am Abend klingelt das Telefon noch einmal. Brägel ist dran: »Ich brauche dich doch nicht«, sagt er, »ich lasse die Räder da, ich will mal richtig ausspannen und mit den Kindern was unternehmen. Also bis Mitte November.«
Die Nachricht macht schnell die Runde. Brägel ist vor der Sympathiewucht regelrecht eingeknickt. Wenn ihn alle vorne sehen wollen, mag er nicht mehr. Jetzt haben wir ihn im Sack und zehn Tage Zeit zum Formaufbau. Nicht viel, aber immerhin. Und dann wird die Hackordnung wieder hergestellt sein. Hoffentlich.

Ab in den Süden

Kaum zu glauben:
Brägel hat eine gute Idee –
aber die Vereinskollegen sind überfordert …

Schaurig draußen. Wind fegt böig übers Land, tiefe, graue Wolken, Moll im Gemüt. Aber wir haben ja Brägel, der uns am Stammtisch mit einer Überraschung Sonne ins Herz senkt. Beim zweiten Hefe Hell bittet er um Gehör und spricht sinngemäß Folgendes: Er könne sich vorstellen, dem Verein auf Erbpacht-Basis eine Immobilie im Süden zu spendieren, damit wir im Winter ein Trainingsdomizil hätten und er mit Meeranschluss weiter an seiner Triathlon-Form arbeiten könne, die ihn im Oktober 2005 nach Hawaii bringen soll. »Super, Silvester in der Toskana!«, jubelt der alte Hans.

Und damit fängt dann auch der Ärger an. »Nix Toskana«, flötet Brägel, »Mallorca.«
Nach Verlautbarung der Zielkoordinaten beginnt ein wie immer höchst unsachlicher Streit über das Für und Wider von geeigneten Standorten, der, zusammengefasst, so beschrieben werden könnte: Malle gegen den Rest der Welt. Und es zeigt sich wieder, dass es Menschen immer dahin zieht, wo sie als Kinder mit ihren Eltern waren. »Brägel«, säuselt der Präsident, »wie wär's denn mit der Emiglia Romana? Sanftes Klima, weißer Sand, gutes Essen, faire Preise und eine ganz tolle Go-Kart-Bahn bei Cesenatico.« Brägel kontert sofort und hart. Von wegen sanftes Klima: Kalter Ostwind im Winter! Der Sand sei nicht weiß, sondern graubraungrün und das Meer um Rimini herum brackig von den Abwässern der Schweinezuchten in der Po-Ebene; außerdem könne man jeden Tag Penne Funghi nun wirklich nicht als gutes Essen bezeichnen, und darüber hinaus sei der Italiener bekanntlich der aggressivste Autofahrer weltweit. Ganz abgesehen davon, dass Brägel nicht in eine Gegend will, »in der sich ehemalige Weltklasseprofis in drittklassigen Hotels aus dem Leben koksen«, wie er sagt. »Aber denk mal nach«, kommt plötzlich der alte Hans daher, »die Hügel, der Wein, die Kunstschätze Sienas ...« Wir erklären dem alten Hans, dass die Toskana nichts mit der Emiglia Romana zu tun hat und Brägel braust schon mal ein bisschen auf. »Hört bloß auf mit der Toskana – lauter grüne Wohlstandsjünglinge, die auf Olivenbauer machen, obwohl sie nach einer Stunde Fußmarsch schon Muskelkater haben, dazu Feuilletonredakteure, Kunstkritiker und Literaten, die ihre Lesebrillen an Bändseln vor der Brust baumeln lassen – GRAUENHAFT.« Brägel berichtet, wie er einst von einem Deutsch-Toskaner in einer einsamen Gegend ermahnt worden sei, mit seinen nervösen Geradel nicht die Stille und Anmut der Natur zu stören. Für ihn sei Italien jedenfalls gestorben. Brägel ist Mallorquiner. Fertig.

Dann hebt er an zum Hohelied: Mit roten Backen beschreibt er die wilde Landschaft an der Nordküste, schwärmt vom gleichmäßigen Rollen im Süden, vom Cap Formentor, vom malerischen Valdemossa. An der Stelle wage ich einzuwerfen, dass die feingeistige Malerszene von Valdemossa auch in der Toskana heimisch sein könnte, was unser potenzieller Sponsor mit einem Knurren kommentiert. Und weiter geht es. »Einmal im Leben auf den San Salvador«, schwelgt er, »acht Kilometer hinauf zur Kapelle, wo der siebenfache Weltmeister Guillermo Timoner seine Regenbogentrikots der heiligen Jungfrau von San Salvador vermacht hat.« Da schau her, Brägel im religiösen Fieber. »Timoner war Bahnfahrer, von uns fährt keiner im Kreis herum«, knurrt der alte Hans. »Wäre aber vielleicht nicht schlecht«, kontert Brägel, »schließlich stand Timoner 1984 mit 58 Jahren noch im Finale einer Weltmeisterschaft.« Weil das tatsächlich stimmt, hat Brägel im Moment Oberwasser, auch weil sein Argument mit den hervorragenden Fischrestaurants in Palma nicht von der Hand zu weisen ist. Genauso wie sein Einwurf, dass man auf Mallorca jetzt wieder ganz legal Zweierreihe fahren dürfe.
Der Präsident legt aber noch einmal nach. »Aber nach Mallorca muss man fliegen und das ist kompliziert mit den Rädern.« Brägel lächelt zuckersüß: »Du hast doch nur Flugangst. Außerdem kannst du dir auf Malle für ein paar Euro ein Rad mieten, das Klassen besser ist als dein alter Schinder.« Jetzt sind wir auf dem üblichen Niveau angelangt: Brägel hängt den Geldsack raus, der pro Kilo Velo gerne einen Tausender auf den Ladentisch blättert. Eigentlich müssten wir ihn jetzt als Schlappwade beleidigen, aber erstens ist er das zur Zeit nicht und zweitens – so eine Hütte im Süden hat schon was. »Wie wär's denn mit der Provence?«, werfe ich ein. »Da klauen sie doch wie die Raben«, giftet Brägel, »da kannst du ohne ein zehn Kilo schweres Schloss am Rad nicht mal einen Kaffee trinken gehen. Und wenn du heim fährst, steigen sie ins Haus ein, bevor du

noch in Avignon bist.« Jetzt ist aber gut: »Auf deiner Insel machen sich die Rollerfahrer einen Spaß, Radler in den Graben zu drücken«, belle ich zurück. Das stimmt zwar nicht, aber dass in der Provence geklaut wird, ist so auch nicht wahr. Brägel platzt: »Ignoranten!«, brüllt er, »Kleingeister, Sesselpupser!« Plötzlich schallt das Wort »Inselaffe« durchs Lokal – was dann keiner gesagt haben will. Brägel nimmt's trotzdem persönlich und verlässt den Stammtisch, das Projekt ist erledigt. Kein Haus im Süden.

Und nun? Wir bestellen noch eine Runde und beschließen, dass jemand Brägel überreden soll, im Februar wenigstens einen Ausflug zu spendieren. Selbstverständlich nach Mallorca, warum auch nicht. Als Beschwichtiger werde ich ausgeguckt, was ich mir schon vorher hätte denken können. Draußen hat es angefangen zu regnen, das Thermometer zeigt acht Grad.

Hat eigentlich jemand ERNSTHAFT was gegen Mallorca?

Irren ist männlich

Gegen die beginnende Winterdepression helfen neue, alte Hobbys, tolle Pläne, gute Vorsätze und Schokoladenkekse – oder auch nicht

Mein Gott, bald ist schon wieder Weihnachten. War das nicht gerade erst? Die Zeit ist wirklich ungnädig, was immer dann auffällt, wenn es stramm aufs Fest zugeht. Draußen ist es ungemütlich, drinnen sitzt das weitgehend zur Untätigkeit verdammte Radlervolk und quält sich wie jedes Jahr mit Gedanken, was es denn sonst Vernünftiges anfangen könnte.

Besonders Männer kramen dann gerne in den Tiefen ihrer Keller und beschließen, endlich mal wieder die alte Eisenbahn aufzubauen, den Modellflieger aus Balsaholz zu vollenden oder das alte Ikea-Arrangement gegen ein Weinregal aus Natursandstein zu tauschen. Brägel, fatalerweise, beschließt, sich eine Fahrradwerkstatt einzurichten. Montageständer und Profi-Werkzeugkoffer hat er schon gekauft, jetzt sucht er ein gebrauchtes Duplikat seines Velos, von dem er dann »Teile ausbauen und an mein Rad montieren kann, wenn mal etwas kaputt geht«, wie er sagt. Abgesehen davon, dass Brägels Radschäden durch eine strenge Diät weitgehend zu vermeiden wären, ergibt es wenig Sinn, einen platten Reifen zu reparieren, indem man den Schlauch eines Ersatzrades entnimmt. Und alle anderen Reparaturen trauen wir ihm, ehrlich gesagt, eh nicht zu. Am Stammtisch lachen wir heute noch über Brägels Versuch, eine Kette zu reinigen. Nachdem er sie mittels Kettenöffner entfernt, mit Benzin gereinigt und rückgefettet hatte, begann das Drama. Beim ersten Einbau ging die Kette zwar wieder zu, war aber falsch eingefädelt. Beim zweiten Mal verbog er den Nietstift und musste erst ein Glied entfernen, dann ein zweites und dann noch eins. Dann brach der Stift des Werkzeuges ab, weil Brägel krumm ansetzte und über den Widerstand wegdrehte. Nach einer Stunde stand er mit blutenden Händen beim Händler und ließ brav eine neue Kette montieren. Die alte war mittlerweile eh zu kurz. Brägel wird auch jetzt wieder erleben, wie schön es ist, dass es Radwerkstätten gibt. Den Radständer kaufe ich ihm dann ab.

Ein anderes Phänomen ist zu Weihnachten auch weit verbreitet. Wer seine Grenzen lange nicht ausgelotet hat, weil er im August zum letzten Mal richtig auf dem Pedal stand, neigt dazu, für 2005 die Ansprüche zu hoch zu schrauben. Meistens wird das nix. Bei Brägel darf es nichts werden, sonst haben wir ein Problem. Nachdem wir ihm die Triathlon-Macke schon fast ausgetrieben hatten, gewann dieser Herr Stadler im Oktober plötzlich auf Hawaii – jetzt will unser Lapp natürlich erst recht im kommenden Herbst dabei sein. Aber das nur am Rande. Für alle anderen gilt: Man neigt im Winter zu einer gewissen Selbstüberschätzung. Bei Glühwein und Lebkuchen vergisst man leicht, dass auch 2005 der Tag nur 24 Stunden haben wird, und dass die zweimal 100 Kilometer pro Woche nichts weiter sind als eine theoretische Größe. Andere Verpflichtungen lösen sich nicht in Luft auf, und auf gutes Wetter im April hofft man ohnehin vergebens. Kleiner Tipp: Bescheidene Ziele setzen. Wenn es mehr wird – doppelt schön. Brägel raten wir zum Volks-Triathlon über 500 Meter Schwimmen, 20 Kilometer Rad und fünf Kilometer Laufen. Bei dem Wettkampf machen wir vom Radclub immer schon mit. Außer dem alten Hans, der zu einer Zeit geboren wurde, als nur jene Kinder schwimmen konnten, die an einem See lebten.
Womit wir beim nächsten Irrtum sind: Viele Radler suchen im Winter sportliche Alternativen für den nächsten Sommer. Dummerweise gibt es keine. Rad fahren trainiert man mit Rad fahren, alte Profiregel. Wer noch treten kann, muss wenigstens nicht Golf spielen. Und was ist ein Doppel-Turnier im Tennisclub gegen eine Fahrt hinauf nach L'Alpe d'Huez? Eben. Untauglich sind auch Disziplinen wie Unterwasser-Rugby, Polo oder Rhythmische Sportgymnastik. Brägel raten wir zu Nordic Walking, weil Hoffnung besteht, dass sich der Lapp im Wald verirrt, wenn er mit Stöcken durchs winterliche Gehölz bricht. Nein, im Ernst – nichts geht über eine gepflegte Runde im Sattel, auch im Winter, zumal das

Ausweichen aufs Mountainbike zwischen dem 1. Dezember und 28. Februar bei uns im Club mittlerweile toleriert wird.
Der größte vorweihnachtliche Irrtum hat aber mit Sport überhaupt nichts zu tun. Testfrage: Sie wollen in diesem Jahr keinen Weihnachtsstress erleben? Ja? Vergessen Sie's. Keine Chance. Unser Land ist doch nur noch am Leben, weil sich zehn Wochen im Jahr Millionen Menschen durch Einkaufstempel schieben, nutzlose Dinge kaufen, Geschenklisten abarbeiten, Unterhosen mit aufgedruckten Nikoläusen einpacken und sich in einem Anfall von ökonomischem Optimismus ein neues Auto bestellen, Aktien kaufen oder einen Hund. Auch wir können uns dem nicht entziehen, aber wir haben einen Tipp: Eine Runde im Sattel schafft Ruhe im Weihnachtsstress. Im Radclub fahren war jedenfalls zwölf Monate durch. Nur Brägel hat jetzt ein Zeitproblem, weil er seine Werkstatt einrichten muss, nach Gebrauchträdern sucht und Trainingspläne schreibt.
So hat Weihnachten doch noch sein Gutes.

Brav bleiben

Die Kumpels werden unruhig: Verbirgt sich hinter Brägels hartem Antritt gefährliche Frühform – oder ist er einfach unverbesserlich …?

Brägel kopiert gerne große Vorbilder. Es hat uns also nicht gewundert, dass er schon im Dezember im Trikot des neuen Armstrong-Teams Discovery Channel aufkreuzte. Wahrscheinlich besitzt selbst Lance noch keines, aber dafür einen glühenden Verehrer in Germany, der sogar schon so spricht wie der große Ami. »Die Chancen, dass ich den Ironman auf Hawaii nächstes Jahr bestreite, stehen 50:50. Ich hab' ihn schon sechsmal gewonnen und mir einen Traum erfüllt. 2005 ist vielleicht das Jahr für andere Ziele«, sagt der Lapp und hebt sein Glas. Wir könnten ihn jetzt auslachen – aber nichts da. Prösterchen Brägel, auf dein Wohl! Schließlich lauschen wir (vier Mann aus dem Club) Brägels Worten anlässlich eines spontanen viertägigen vorweihnachlichen Trainingslagers auf Mallorca, zu dem der Lapp uns eingeladen hat. Mal ehrlich: Ich kann mich nicht erinnern, den Tacho jemals unter so angenehmen Bedingungen auf Null gestellt zu haben. Vier Tage Grundlage, während der Konkurrenz der Weihnachtsstress an den Nerven zerrt. 40 Kilometer am ersten Tag zum Einrollen, dann dreimal einen Hunderter, anschließend wieder heim – so der Plan.

»Locker«, sagt Brägel, »erst mal die Muskeln warm machen für das neue Jahr.«
So weit die Ansage. Die Realität sieht freilich wieder ganz anders aus. Ein Brägelscher Wintertrainingstag in seiner ganzen Schönheit fängt damit an, dass der Kerl beim Frühstück eine Galerie Pillen und Säfte vor sich aufbaut. LCarnitin zur Fettverbrennung, Kreatin zum Muskelaufbau, dazu zwei Trinkampullen und ein Mittel zur Senkung des Blutdrucks. »Warum denn das?«, frage ich, »du hast doch gar keinen hohen Blutdruck.« Brägel lächelt nur. »Weiß man's? Und überhaupt, sicher ist sicher, denn Menschen mit niedrigem Blutdruck leben länger.« Die Pillen spült er mit einer Tasse schwarzen Kaffees hinunter. Danach holt er sich am Büffet weiße Bohnen in Tomatensoße, gebratenen Speck, die üblichen Hotelwürstel, Rührei und zwei Scheiben Toast mit dick Butter drauf. »Trink wenigstens ein bisschen Wasser«, rate ich ihm. Und überhaupt. Noch vor kurzem hat er nur vegetarisches Risotto und Dinkelbrei gegessen. »Das brauche ich in der jetzigen Phase nicht«, kontert Brägel und rührt das Kreatinpulver in ein Schälchen Himbeermarmelade, die er dann auf das dritte Toast kleistert. »Wir fahren doch locker, und man darf sich auch mal was gönnen.« Um zehn Uhr geht's los, die Route ist klar. Gut 100 Kilometer, nach zehn flachen Anfangskilometern hinein in die Berge. Nach 300 Metern rollen wir durch einen Kreisverkehr – und Brägel gibt Druck. Mein Tacho zeigt 33, die Pulsuhr 145. »Hallo, locker bleiben«, brüllt der alte Hans von hinten. »Ich bin doch locker«, bellt Brägel, reduziert aber tatsächlich auf vernünftige 25. Für eine Minute. Mein Gott, was tut der Mensch?
Am ersten Berg mahne ich den Kerl mit Blick auf den Pulsmesser zur Besonnenheit. Brägel nickt, wir rollen mit maximal 150 Herzschlägen nach oben, wunderbar. Zwei Mallorquiner ziehen vorbei, die Jungs könnten unsere Söhne sein. »Schön brav bleiben«, raune ich Brägel zu, aber der ist schon weg. Ein Gang härter, ran ans

feindliche Hinterrad. Wir lassen ihn fahren. 40 Minuten später treffen wir ihn oben am Berg wieder, Brägel steht am Straßenrand und dampft wie eine Nebelkerze. »Lasst uns Pause machen, da ist ein Café«, sagt er. Wir versuchen noch, ihm zu erklären, dass es besser ist, im Tal Pause zu machen – da sitzt Brägel schon in der Kneipe, bestellt einen Milchkaffee, eine Cola und einen Brandy. »Damit ich nachher nicht so friere«, sagt er. Der alte Hans will ihm erklären, dass er mit Alkohol am Ende noch mehr schlottert, aber ich winke ab. Sinnlos.

Bevor es weitergeht, will ich Brägel nochmal klarmachen, was »Grundlage« bedeutet. Der Lapp nickt begeistert. Die Hälfte der Strecke ist geschafft, jetzt schön in die Reihe, ruhig, kein Stress. Brägel reiht sich brav ein, der Takt passt, wunderbar. Nach zehn Minuten wird es wieder unrund. Immer wenn Brägel vorne fährt,

geht das Tempo hoch. »Locker«, brülle ich. Brägel reagiert nicht, der Tacho klettert, 25, 27, 28, 31. Herrgott noch mal, der Kerl lernt es nie. Oder hat er durch seinen Triathlon-Wahn tatsächlich schon Frühdruck? Wir lassen ihn fahren, bringt ja nichts. Kurz vor dem Ziel entdecken wir ihn in einer Strandkneipe. Brägel trinkt ein großes Bier, vor ihm liegt ein Zwei-Meter-Sandwich. »Herrlich, so eine lockere Runde«, ruft er und winkt mit dem Monsterbrötchen. Drei Stunden später sitzen wir beim Abendessen. Brägel nimmt drei kleine Schnitzel mit Pommes, einen Teller Salat, danach Fisch in Buttersoße mit Reis und am Ende einen Schlag Spaghetti Bolognese mit viel Käse. Kein Dessert. Das Ganze und ein paar Pillen spült er mit zwei Karaffen Rotwein und einem kleinen Glas Wasser runter. Der Abend endet an der Bar bei Kaffee, Brandy und vier kleinen Bier. »Man muss sich auch mal was gönnen, das verstehe ich unter locker«, ölt Brägel.

Am Morgen reichert er seine pharmazeutische Palette um eine Aspirintablette an und bittet bei einem Schälchen Reisbrei um gemütliches Tempo. Na also, die normative Kraft des Faktischen hat ihn bezwungen. Es stehen wieder 100 Kilometer an. Diesmal wird es erst am Ende der Strecke schwerer. Wir rollen los, rein in den ersten Kreisverkehr. Brägel zischt innen vorbei. Der Tacho klettert auf 34, Puls 152. Ganz ehrlich – alles andere hätte mich auch gewundert.

Schöne Zeiten

Fällt der Radsport als letzte Bastion unverfälschter Männlichkeit? Brägel arbeitet jedenfalls daran …

Brägel ist verletzt, ziemlich sogar. Offiziell ist er in einer öffentlichen Wellness-Oase (vulgo: Hallenbad) gegen eine Glastür gelaufen, was ihm eine geschwollene Nase und eine durchgebissene Oberlippe bescherte. Halboffiziell ist er, mit einer Mischung aus Caipirinha und Weizenbier im Blut, auf der Toilette der örtlichen Disco morgens um vier gegen einen Türpfosten gestolpert. Inoffiziell lässt sich nicht mehr herausfinden, wer bei der Ü-35-Party in der Disco den »Türpfosten« in der Hand hatte, gegen den Brägel geprallt ist. Aber weil er solo auf der Party war, wird diese Version nicht weiterverfolgt. Auf jeden Fall geht es Brägel schlecht, und das nicht nur wegen seiner Blessuren. Sein Traum, nächstes Jahr beim Triathlon auf Hawaii zu starten, ist geplatzt, endgültig. Brägel kann nämlich nicht am deutschen Quali-Wettbewerb teilnehmen, da an jenem Wochenende seine Schwiegermutter 75 wird und Viola mit Scheidung gedroht hat, falls er nicht mit zum Fest kommen sollte.

Jetzt nagt der Frust und die Form leidet. »Wozu sich noch schinden«, nölt er und alle nicken begeistert. Wir sehen Brägel sowieso lieber am Ende der Gruppe als an der Spitze. Aber Brägel wäre nicht Brägel, wenn er nicht sofort ein neues Ziel für sich finden würde. »Also gut«, sagt er am Clubabend, »wenn schon nicht

Hawaii, dann will ich wenigstens weiterhin gut aussehen auf dem Rad. Sportlich, drahtig, runder Tritt, passend gekleidet, eine optische Augenweide.« Ich frage mich, ob das vielleicht etwas mit seinem Soloausflug zur Ü-35-Party zu tun haben könnte, sage aber nichts. »Lass lieber«, sagt der alte Hans, »wenn du gut aussiehst, erkennt dich ja keiner mehr.« Was haben wir gelacht. Brägel hat sich noch ein Hefe hell bestellt und geknurrt: »Wartet nur, morgen geht es los. Beinenthaarung.«

Zur nächsten Ausfahrt kommt er trotz bitterer Kälte in kurzer Hose und mit Beinen, deren Haut aussieht wie bei einem Suppenhuhn im Tiefkühlregal. Eigentlich wollte Brägel sich in einem Kosmetikstudio mit heißem Wachs entlauben lassen, die Fachkraft dort lehnte aber ab. Zu viele Haare. Also griff der Lapp zur Creme aus dem Drogeriemarkt, die er aber zu lange einwirken ließ, weshalb ihn jetzt rote Pickel zwischen weißen Poren zieren. »Übrigens habe ich mir auch die Haare unter den Armen und auf der Brust entfernt«, sagt er, »da bekommt der Körper gleich eine andere Kontur.« Der alte Hans fragt medizinisch korrekt: »Und im Intimbereich?«, bekommt aber keine Antwort. Wir vermuten das Schlimmste.

Danach ist Brägel zwei Wochen verschwunden. Als er wieder auftaucht, ist die Haut an seinen Beinen abgeheilt und solariengebräunt. Da seine Triathlonform noch nicht völlig im Eimer ist, sieht das gar nicht so schlecht aus. Dafür hat sich sein Gesicht in eine Art Strickmusterbogen verwandelt. Brägel klärt auf: Er war zur Kosmetik und jetzt sei die Haut noch ein bisschen irritiert. »Da gab es erst mal ein Peeling«, sagt er. Da wir als einfache Männer nicht genau wissen, wovon er spricht, erklärt er es uns. Wenn ich's richtig kapiert habe, hat sich Brägel das Gesicht abschleifen lassen, und seine Augenbrauen wurden zu schmalen Linien gezupft. Brägel hat jetzt superdünne Bartschnüre an Wangen und Kinn, wie sie junge Fußballprofis gerne tragen. Danach zeigt er uns eine Batterie Pflegemittel, die er täglich aufträgt. In Erinnerung ist mir noch eine

Augencreme, von der ein winziges Töpfchen 78 Euro kostet, und die angeblich Augenfalten reduziert. Ich denke, dass der Inhalt des Döschens in einer einzigen Brägelschen Falte versickern würde, sage aber wieder nichts. »Du siehst scheiße aus«, sagt der alte Hans, aber das stimmt nicht. Nur ein bisschen merkwürdig.
Nach einer weiteren Woche erscheint Brägels Haut glatter, seine Haare dunkler und seine Augen heller. »Stimmt«, jubelt er, »die Kosmetik wirkt, die Haare sind getönt und ich trage gefärbte Kontaktlinsen.« In der Gesamtschau mit den rasierten Beinen kommen wir nicht umhin einzuräumen, dass er was hermacht, der Lapp. »Jetzt folgen die Accessoires«, kündigt er an und lässt uns ratlos am Stammtisch zurück. »Die was?«, fragt der alte Hans, aber Brägel ist schon weg.

Am folgenden Samstag wissen wir's. Brägel hat sich zur Trainingsrunde passend zu seinem eh schon schicken blau-schwarzen Gios Carbon eingekleidet. Silberfarbene Schuhe, schwarze Hose silberne Socken, dunkelblaues Trikot, blau-schwarze, zum Lenkerband passende Handschuhe, auch der Helm ist neu und farblich abgestimmt. Und das Beste – die verspiegelte Zuhälterbrille ist weg. Brägels Nase ziert ein feingliedriges Modell. »Wer ist der Mann?«, flüstert der alte Hans.

Langsam würde mich wirklich interessieren, was bei der Ü-35-Party los war. Die Trainingsrunde verläuft in sportlicher Hinsicht wie gewohnt. Brägel rollt wie seit Wochen im hinteren Mittelfeld, steht aber sofort im Mittelpunkt, wenn wir halten, und sei es nur an einer Ampel. Der Mann ist zum Blickfang geworden. Die Welt schaut hin, ohne genau zu wissen, warum. Wie bei einem Gemälde. »Passt aber auch alles zusammen«, raunt der Präsident, »sieht schon gut aus.« Himmel noch mal, wo sind wir jetzt, auf dem Laufsteg? Obendrein schmilzt auch noch die neue Bedienung im Clubheim dahin. »Sagen Sie doch Manuela zu mir«, flötet sie Brägel an. Ich frage den Lapp, wann er denn wieder mal seinen Zeitfahreinteiler von Banesto anziehen wolle. »Nie mehr«, sagt er, »willst du ihn haben?«

Will ich nicht. Aber langsam wird es lästig. Ich könnte wetten, dass es der alte Hans war, den ich am Montag aus der Parfümerie habe kommen sehen. Ja, spinnen jetzt alle? Ich bin, natürlich nur zur Information, selbst einmal reingegangen und kam mit der Erkenntnis wieder raus: Lieber drei Pickel als pleite! Das kann ja ein heiteres Frühjahr geben, umgeben von schönen Männern, die sich über die passende Sockenfarbe unterhalten und Kajalstifte nebst Spiegelchen in die Trikottaschen stecken. Dass dieser Brägel aber auch immer Unheil säen muss.

Der eingebildete Kranke

Bei Brägel hat nur eines Bestand: seine Sprunghaftigkeit. Seine Vereinskollegen mühen sich redlich, Schritt zu halten …

Ist das ein schöner Abend am Stammtisch. Draußen tobt der Frühling, wir sind von der Terrasse ins Innere des Clubheims umgezogen, weil der Wind doch ein bisschen kühl wurde. Beim nächsten Bier geben wir uns wieder unserem Lieblingsthema hin: Kann Jan Ullrich noch einmal die Tour de France gewinnen? »Nie und nimmer«, doziert der Präsident, »dem Mann fehlt es an der nötigen Härte gegen sich selbst, an Disziplin, am Willen zur Leistung. Wenn der so professionell drauf wäre wie der olle Zabel, hätte er doch schon sechsmal gewonnen und nicht der gedopte Ami. Ullrich fehlen einfach preußische Tugenden.«

Im Prinzip sehe ich das ähnlich, wage aber den Einwurf, dass Herr Ullrich aus der Hansestadt Rostock stamme, also aus ehemals preußischem Gebiet. Der alte Hans, bekannt für eine klare, allgemein verständliche Sprache, winkt ab. »Ullrich ist ein Weichei«, poltert er, und viele nicken. Auch die, die am Nachmittag nach 25 Kilometern die Trainingsrunde abbrachen, weil aus einer einzigen Wolke am blauen Himmel drei Tropfen Regen fielen. Brägel gehörte auch zu den Kneifern. Doch er reiht sich nicht in die Schar der Ulle-Kritiker ein, sondern sagt mit ernster Miene. »Lasst doch den Jan in Ruhe. Es gibt eben Phasen, da läuft nicht alles so, wie

man es gerne hätte. Menschen sind doch keine Maschinen. Manchmal geht es halt nicht – ich kenne das auch.«
Das ist nicht neu. Bei Brägel läuft es, von kurzen Ausnahmen abgesehen, eigentlich seit zehn Jahren nicht richtig rund. Und seine Sprünge zwischen harter Disziplin und Laisser-faire, zwischen Bio-Lauch mit Buchweizengrütze und Schnitzel mit Pommes, zwischen Mineralwasser und Hefeweizen oder täglichem Training und einer Mini-Runde pro Woche sind legendär. »Was ist los, Alter?«, frage ich, »wirst du altersmilde, oder bist du krank?« Brägel nickt. »Ja was nun, alt oder krank?« »Krank«, antwortet Brägel und berichtet. Es gehe ihm schon seit Wochen nicht so gut. Er habe immer ein bisschen Kopfweh, fühle sich müde, abgeschlagen, er schlafe schlecht und werde oft von einer inneren Unruhe geplagt. Manchmal auch von Herzklopfen. Deshalb habe er in zwei Wochen vier Ärzte konsultiert, die aber alle nichts finden konnten. »Na, ist doch prima«, nölt der alte Hans, »und gegen das bisschen Kopfweh trinken wir jetzt noch einen Schnaps.« Brägel schüttelt nur müde den Kopf. Wir würden das nicht verstehen, jammert er, er aber wisse, dass er unter psychosomatischen Störungen leide, und das sei kein Spaß. »Was nuschelt Brägel?«, fragt der alte Hans. »Hat er einen an der Waffel?« Ich erkläre ihm, dass dies eine unzulässige Verkürzung sei. Wenn auch mit einem Körnchen Wahrheit. Es sei so, dass Brägel sich nicht wohl fühle, ohne dass ein Arzt dafür eine Ursache finden könne – und bei solchen Leuten nehme man an, dass ihnen ihre Psyche einen Streich spielt. »Also doch was an der Waffel«, sagt der alte Hans und bestellt zwei Schnäpse auf Brägels Rechnung. »Das ist die beste Therapie.«
Brägel trinkt schweigend, sieht aber immer noch leidend aus. Uns interessiert, wie er auf seine Diagnose gekommen ist. Fünf Minuten später haben wir eine einfache, technische Erklärung für Brägels neue Frühjahrsleiden. Sein neuer Satelliten-Receiver beamt ihm 169 Programme ins Wohnzimmer – und da ist Brägel beim weih-

nachtlichen Glotzen-Marathon an einen Sender geraten, der 24 Stunden am Tag medizinische Beratungsshows sendet. Brägel weiß seither, dass das menschliche Leben ein zartes Pflänzchen ist, bedroht von Hunderten böser Feinde. Natürlich wusste der Sender Rat, weshalb Brägel inzwischen ein ganzheitlichesoterisches Hilfspaket für 199 Euro erworben hat. Darin waren vier Tees, ein Heim-Set für einen Kamilleneinlauf und eine CD-Rom mit wertvollen Tipps. »Fernsehen macht doof«, sagt der alte Hans. Brägel geht früh, er müsse pünktlich um 21 Uhr eine Tasse eines unaussprechlichen Tees trinken, der seinen Energiefluss ins Lot bringe

und ihn besser schlafen lasse. Wir bestellen noch einen halben Liter Hopfensud, der zumindest bei mir durchaus schlaffördernde Wirkung hat. Wir müssen Brägel helfen, die Frage ist nur: wie? Der alte Hans schlägt vor, Brägel beim Training sauber abzudrängen und ihn in den Graben zu fahren. Solche Kuren hätten sich früher schon bewährt, so im 16. Jahrhundert etwa. Bei Rückenschmerzen habe man Patienten mit einem glühenden Eisen ein Loch in die Haut über dem Knie gebrannt, die hätten ihren Rücken garantiert nicht mehr gespürt, sagt der alte Hans. Wir streiten kurz über Vereinsausschlussverfahren (gegen Hans) – aber grundsätzlich war sein Ansatz schon richtig. Wir brauchen ein Gegengift. Wir beschließen, Brägel am kommenden Samstag beim Training mit ausgesuchter Besorgtheit zu umgarnen und uns zu erkundigen, ob er sich schon Gedanken für den Ernstfall gemacht habe. Also: Einäscherung oder Erdbestattung. Das sei wichtig, wegen des Vereinswappens auf der Urne. »Wenn er dann immer noch Kopfweh hat, kann ihm auch keiner mehr helfen«, schloss der Präsident, »dann ist er eine Memme wie Ullrich«.
Brägel kam am Samstag – strahlend, perfekt gestylt und putzmunter. »Ich bin geheilt, lasst uns fahren«, sülzte er selig lächelnd. Die Antwort lag auch hier in den Weiten der Television. Kanal Hundertirgendwas – Happy-TV oder so ähnlich –, jedenfalls ein Sender für erfolgreiche, dynamische Menschen mit Power-Activity-Kit für 249 Euro. Wir werden Brägel bei nächster Gelegenheit die Schüssel klauen, so viel ist sicher.

Carbonrentner

Der Generationenkonflikt macht Brägel zu schaffen. Also erfindet er den Knigge für Rennradfahrer

Es ist nur ein kleiner Anstieg. Wir fahren locker dahin, als von hinten eine Gruppe anrollt. »Keinen Stress jetzt«, keucht Brägel, »lassen wir sie einfach vorbei.« Auch der alte Hans nickt eifrig. Na gut. Es ginge zwar noch was, aber es muss ja nicht jedes Mal Rennen sein. Die anderen fahren vorbei, wir grüßen freundlich. Keine Antwort. Der alte Hans hebt mangels Luft die Hand. Keine Reaktion. »SERVUS«, kräht Brägel, als sie fast schon vorbei sind, aber die anderen bleiben stumm, schauen hinter ihren verspiegelten Brillen starr nach vorne, nach links oder durch uns durch. Lauter junge, schlanke Kerle. Einer rotzt (nach rechts), die anderen schweigen. Als der letzte vorbei ist, hören wir deutlich: »Viel Kohle, kein Tritt – typisch Carbonrentner.« Die anderen Schnösel lachen. »Los, die blasen wir aus den Schuhen«, ächzt Brägel. Ich mache ihm klar, dass er fast am Limit ist, die da vorne aber höchstens im Standby rollen, dass die Lackel fast unsere Söhne sein könnten und die beste Reaktion unsererseits jetzt gar keine ist. Brägel fügt sich schnaubend, der Präsident murmelt ein gequältes »Pedalpack, mistiges«, wir rollen schweigend weiter und hängen dunklen Gedanken nach.

Zwei Stunden später im Clubhaus die Aufarbeitung. Wir fragen uns, ob wir selbst früher auch derart respektlos gegenüber älteren Sportkumpeln waren. Der alte Hans verneint, wobei nicht sicher ist, ob es überhaupt schon ältere Rennradler gab, als Hans jung war. Damals waren gestandene Männer schließlich mit dem Wiederaufbau, dem Wirtschaftswunder und der Produktion geburtenstarker Jahrgänge beschäftigt. Brägel meint, dass er als Jugendlicher im Fußballverein den Kickern der AH immer die Sporttaschen getragen hat, was wir nicht so recht glauben wollen. Wahrscheinlich hat er da Biermarken fürs Sommerfest bekommen. Es besteht also der begründete Verdacht, dass wir auch nicht anders waren und den Respekt vor Älteren erst entwickelt haben, seit wir selbst morgens nur noch mit Dehnübungen für Kreuz und Knie in die Senkrechte kommen, also so ungefähr ab Mitte 30.

Fest steht aber, dass im Land der Anstand leidet, quer durch alle Alters- und Gesellschaftsschichten. Politiker werden als Absahner enttarnt, im Aufzug grüßt keiner mehr, und jetzt lassen sich sogar schon leibhaftige Schiedsrichter von schmierigen Halbwelt-Strizzis bestechen. Dabei galten die Unparteiischen zusammen mit Ordensschwestern als letzte moralische Instanzen in schwerer Zeit. Armes Deutschland. Aber da wir vom Radclub immer schon an das Gute glauben, gehen wir begeistert auf Brägels Idee ein, eine Art Knigge für Rennradfahrer auszuarbeiten.
Nach zwei Hefe hell stehen die Rahmenbedingungen für einen anständigen Freizeitsport. Es ist ab sofort strikt verboten, sich von hinten unbemerkt fremden Radlern zu nähern, sich anschließend schamlos im Windschatten zu erholen, nur um dann an einem passenden Berg mit 350 Watt anzutreten. Das ist nicht nett. Künftig begrüßen wir Fremde mit einem freundlichen Hallo und lassen sie auch in den Genuss unseres Windschattens kommen. »Haben wir doch noch nie gemacht«, flüstert der alte Hans. Ich nicke, aber Brägel denkt schon weiter. Die Handzeichen, die auf Löcher in der Straße oder sonstige Hindernisse aufmerksam machen, müssen wieder mehr zum Einsatz kommen, wer sich die Nase ausblasen will, lässt sich an das Ende der Gruppe zurückfallen, und gepinkelt wird in Zukunft nur außerhalb geschlossener Ortschaften und mit dem Rücken zur Straße. Hupende Autofahrer werden künftig nicht mehr mit dem Einsatz körperlicher Gewalt und unanständigen Worten bedroht. Ich erinnere mich noch gut, wie Brägel vor zwei Wochen einem hupenden Autofahrer nachhetzte und ihm beim nächsten Halt mit seiner Trinkflasche ins Auto gespritzt hat. Danach hat er ihn mit einer Salve von Wörtern belegt, von denen ein paar Kinder am Straßenrand rote Ohren bekamen. Das Ganze endete mit einer eindeutigen Morddrohung für den Fall, dass sich der Automobilist nicht sofort verpissen, Verzeihung: verkrümeln würde.

Und jetzt will Brägel zum Benimm-Radler werden. »Wir müssen Vorbilder sein«, sagt er. Es soll auch Schluss damit sein, dass wir uns über andere Radfahrer lustig machen und über ihre Velos oder Trikots herziehen. »Sollen wir sie auch noch ein bisschen küssen?«, ätzt der alte Hans, dem es langsam zu viel wird. Ich denke auch, dass es jetzt reicht. Ausgerechnet Brägel, der mich erst kürzlich hämisch gefragt hat, wann ich mein sieben Jahre altes Cinelli ins Museum für historische Technik bringen wolle. Danach hat er dreckig gelacht und voller Stolz seinen neuen Carbonrenner (7,153 Kilo, das Gramm zu je einem Euro) am Stammtisch präsentiert (er hat tatsächlich das Rad in der Kneipe um den Tisch geschoben).
Ich will Brägel gerade ein bisschen einbremsen und die dritte Runde Hefe hell bestellen, als die Jungradler das Vereinsheim betreten. Sie setzen sich grußlos und bestellen Apfelschorle und Latte Macchiato. Der Präsident erhebt sich schwer (84 Kilometer, zwei Hefe hell) und sendet eine Botschaft an den Nachbartisch: »Hört mal, demnächst sagt ihr Hallo, wenn ihr an uns vorbeifahrt. Das gehört sich so.« Er setzt sich, die Jungen tun so, als hätten sie nichts gehört. Jetzt kommt Brägel. »Seid ihr taub? Habt ihr nicht gehört, was der Chef gesagt hat? Das nächste Mal wird gegrüßt, sonst zieh ich euch persönlich mit der Luftpumpe einen Scheitel über eure gegelten Igelschädel, ihr Schnösel.« Die Jungen stehen auf, verbeugen sich, rufen: »Schönen guten Tag, die Herren«, und setzen sich wieder. Dann lachen sie herzhaft. Brägels Kopf glüht wie eine Christbaumkugel, aber er setzt sich schweigend wieder hin.
Es ist wirklich gar nicht so einfach mit dem Anstand.

Brägel und Hesse

Experimentierfreude war schon immer ein ausgeprägter Wesenszug bei Brägel. Jetzt entdeckt er die Verbindung zwischen Radfahren und Literatur …

»Lasst uns mal andersrum fahren«, sagt Brägel. Was? Da stehen wir, wie jeden Samstag, am Start der Trainingsrunde, wie immer wurde festgelegt, welche der seit Jahren bewährten Strecken (30, 47, 78, 100 oder 108 km) heute gefahren wird, wir haben uns, wie zu erwarten, auf 78 geeinigt und jetzt geht's mit der üblichen zehnminütigen Verspätung los. In Westrichtung, wie immer. »Wieso andersrum?«, fragt der alte Hans, »wo ist das Problem?« Brägel erklärt, dass er kein Problem habe, aber dass man doch auch mal etwas anders machen könne, einfach so. Das ist natürlich unmöglich, völlig ausgeschlossen. Menschen brauchen Sicherheit, verlässliche Konstanten, um in dieser hektischen Welt zu überleben. Und die Trainingsrunde ist so etwas wie die letzte Bastion im täglichen Chaos. Also werden wir jetzt Richtung Westen abfahren wie immer, danach im Clubhaus zwei Runden Hefe hell trinken, und Brägel übernimmt die zweite – auch das gehört zu den bewährten Ritualen. Brägel fügt sich, aber nach der Ausfahrt legt er nach. Spießer seien wir alle zusammen, Leute, die sich nur auf ausgetretenen Pfaden wohl fühlen würden, unfähig, Neues zu Entdecken. Ich denke, dass Brägel erst einmal seine ausgetretenen Radschuhe wechseln sollte, bevor er Reden schwingt, doch ein bisschen hat er Recht. »Aber was ist der Sinn, Alter?«, frage ich. Brägel trinkt einen großen Schluck, macht ein wichtiges Gesicht und spricht: »Jede Blüte will zur Frucht, jeder Morgen Abend werden, Ewiges ist nicht auf Erden, als der Wandel, als die Flucht. Das ist von Hesse, ihr Banausen.« Uns klappen die Münder auf, der Präsident schaut, als hätte ihm einer die Trinkflasche geklaut, der alte Hans raunt: »Von wem, vom Hess, dem Nazi?« »Idiot«, zische ich ihm leise zu, »Hesse, Hermann Hesse, Schriftsteller, den solltest selbst du kennen.« »Fährt der auch Rad?«, fragt der alte Hans. Er kennt ihn also nicht, aber es ist schon interessant, was Brägel uns sagen will. Die Vergänglichkeit ist uns bewusst, wir sehen den schleichenden Verfall des menschlichen Körpers schließlich jeden Samstag, wenn der Lapp am Hausberg ächzend abreißen lässt. »Wir müssen öfter mal was Neues machen, sonst ist das Leben 'rum und wir haben nichts gemerkt«, sagt Brägel und bestellt außer der Reihe ein Viertel Rotwein. Ich vermute, dass er eine junge Freundin hat und sich von der Mutter seiner Kinder trennen will, aber er meint tatsächlich den Sport. Er habe sein Training völlig umgestellt (welches Training?), auch die Ernährung, und würde sensationelle Nahrungsergänzungsmittel (oha) aus Indien beziehen, die Adresse hätte er aus dem Internet. Beim Wort Internet fällt mir ein, wie Brägel eine Mail an das europäische Patentamt geschickt hat, mit der Bitte, ihm eine Vierwochenkur EPO zu schicken. Er kennt sich halt noch nicht so aus mit Suchmaschinen. Aber das ist ein anderes Thema.

Da wir alle gute Menschen sind, sagen wir dem wichtigsten Sponsor des Radclubs zu, dass er am kommenden Samstag Streckenverlauf und -länge der Ausfahrt bestimmen darf. Glücklich winkt Brägel die Bedienung heran. Diesmal bezahlt er die zweite Runde nicht – auch eine Neuerung. Zu Brägels Veränderungsfahrt kommen vier Leute weniger als sonst. »Die sind schon vor einer Viertelstunde auf die normale Runde gegangen«, raunt mir der alte Hans zu. Unflexibles Pack – wenn das Hesse wüsste. Wir anderen folgen Brägel, der 67,4 Kilometer mit 728 Höhenmetern ankündigt. Wir fragen lieber nicht nach und reihen uns ein, Brägel nimmt die normale Straße, wir rollen los Richtung Westen, wie immer. Nach zehn Kilometern will ich schon fragen, was der Mist soll, als Brägel links in ein Wohngebiet einbiegt. Wir hinterher, um etliche Ecken, vorbei an Vorgärten, aus denen uns die Leute anglotzen. Schließlich mündet die Straße in einen Feldweg, der sich einen Weinberg hochzieht. Sehr neu die Strecke, sehr winklig, sehr steil. Brägels Tempo ist moderat, für ihn aber eigentlich zu hoch. Die neuen Mittel aus Indien würden mich mal interessieren. Jetzt muss ich aber erst mal schauen, dass ich mein Rad halte. Der alte Hans fällt zum Glück hinten raus und wir müssen oben warten. Brägel schwärmt über die Landschaft, die neuen Herausforderungen. Wir fahren auf der Höhe weiter und stehen nach sieben Kilometern am Waldrand vor einer Schranke. »Nur ein paar Kilometerchen Waldweg«, ölt Brägel, »aber völlig neues Terrain.« Stimmt, aus den paar Kilometerchen werden 17, zwei Leute fahren ihre Reifen platt, wir haben die Hälfte der Strecke, konnten aber außer auf den ersten, normalen zehn Kilometern nie rhythmisch rollen.

Der Wald endet am Rand eines Industriegebiets einer mir nur vom Namen bekannten Gemeinde. »Spürst du den Reiz des Neuen?«, fragt Brägel. Ich spüre meinen Hintern, für holprige Waldwege nehme ich normalerweise das Mountainbike.
Wir rollen durchs Industriegebiet. Breite Straßen, kein Mensch, schön. Brägel gibt Zeichen, es geht rechts. Mein Gefühl meint eher links, aber ich sage nichts und versuche, das Neue wirken zu lassen. Wir fahren eine halbe Stunde durch mir nun auch vom Namen unbekannte Orte. Leider spüre ich keine innere Befreiung. Dafür wird Brägel unruhig. Nach fünf Kilometern ist klar: verzockt. Der Lapp kramt eine Karte aus der Trikottasche, die sich als Wanderkarte herausstellt. Krisensitzung an einer Tankstelle, zurück über viel befahrene Bundesstraßen und schlechte Radwege. Aus 67,4 werden 96 Kilometer, der alte Hans bekommt Krämpfe. Noch eine Neuerung.
So richtig zufrieden ist hinterher nur Brägel. Sei doch trotzdem schön gewesen, endlich mal was anderes. Nur so kämen wir weiter. Der Blick in die Runde bestätigt, dass sein Wille zum Wandel ziemlich exklusiv ist. Wir bestellen Hefe hell, Brägel auch. Ein paar Konstanten gibt es also doch noch. »Nächsten Samstag normale Route?«, flüstert mir der alte Hans zu. Ich nicke. Hesse muss warten.

Gendefekt

Was Männer müssen oder können oder können müssen – entzieht sich gelegentlich rationaler Steuerung …

Das Unheil lauert am Straßenrand und wedelt harmlos mit dem ausgebauten Vorderrad. Ventil abgerissen, ob wir ihm mit einem Reserveschlauch aushelfen könnten. Natürlich können wir. Und während der alte Hans beim Wechsel hilft, taxiert der Rest des Radclubs Waden und Gesamterscheinung des Unbekannten. »So wie der Kerl aussieht, wiegt er maximal 70 Kilo und fährt gut 10000 Kilometer im Jahr«, zischt Brägel. Wir nicken, der Mann sieht wirklich schnell aus. Sehr schnell. Und zäh. Nach ein paar Minuten rollen wir weiter, der Unbekannte hängt sich hinten ran.

Es ist ein schöner, warmer, trockener Tag, fast kein Wind, sozusagen ideal. Ich hoffe auf keine Störung und vermute das Schlimmste, was natürlich auch eintritt. Nach etwa drei Kilometern fährt Stahlwade locker an unserer Gruppe vorbei, bedankt sich noch einmal für den Schlauch und ruft freundlich: »Schönen Tag noch – und Tschüss.« Brägel wetzt zwei Sekunden nervös im Sattel hin und her, dann brummt er, mehr zu sich als zu uns: »Im Flachen sagt keiner Tschüss zu mir.« Brägel tritt an, dann der Präsident, schließlich alle. Die Plaudereien verstummen, von hinten hört man nur noch absterbend das Jammern des alten Hans (»ja was denn nu … was ist hier los? … spinnt ihr? … Hallo – Haaaallllloooooo« …) dann wird es kurz still, bis bei den anderen die ersten lauten Atemgeräusche zu hören sind. Auf dem Tacho blinkt's: 29,5, 32,3, 34, 37,3 – es wird immer schneller, die Mienen erst ernst, dann leidend. Brägel rotzt und schnauft wie ein herzkrankes Rennpferd, mir wird langsam schlecht vor Anstrengung. Nicht nachlassen, nicht nachlassen, nicht nachlassen. Ich denke an Udo Bölts (»Du musst dir befehlen dran zu bleiben, egal wie es dir geht«) und verfluche gleichzeitig den Unbekannten, Brägel, den gesamten Radsport. 39,3, 40,1 – der Dünne wird immer schneller, aber Brägel bleibt eisern an seinem Hinterrad und zieht uns mit.

Bitte, bitte ein Berg, flehe ich stumm, dann fliegt Brägel endgültig in die Luft und wir können normal weiterfahren. Es dauert noch elend lange zwei Kilometer mit Tempo knapp 40. Erst dann steigt die Straße an, erst leicht, dann so mit fünf Prozent. Brägel kämpft noch 50 Meter, dann stöhnt er leise und lässt abreißen. Ich schalte aufs kleine Blatt und riskiere einen Blick auf den Pulsmesser: 178, kurz vor der Kotzgrenze. Brägel müsste mit seinem Übergewicht drüber sein, aber er ist noch am Leben. Ächzend lässt er ausrollen, seine Beine zittern, sein Unterkiefer klappert willenlos, er hat Gänsehaut und einen puterroten Kopf. »Habt ihr gesehen – pffffft – ich hab ihn – pffffft – lange – pffffft – gehalten.« Wir antworten nicht, versuchen, den Puls zu senken. Nach zwei Minuten kommt der alte Hans. Er will etwas Staatstragendes sagen, aber der Präsident murmelt nur: »Schnauze.«

Auf dem Weg zurück wird nicht viel gesprochen, aber danach drängt sich im Clubheim die Frage auf: Warum ist das so? Warum kann man einen offensichtlich Besseren nicht einfach fahren lassen, ohne bis zum Schlaganfall dagegenzuhalten? Warum lieber tot als Zweiter? Brägel erklärt es uns mit der urzeitlichen Rolle des Mannes in der Welt. Wir, also die Männer, sind vom Prinzip her auf kurze, brutale Höchstleistungen getrimmt. Mehr können wir nicht, aber auch nicht weniger. Rationales Denken sei eher weiblich, davon verstünden wir nichts. Männer müssten vorne sein, doziert Brägel, das sei ein ganz einfaches Programm in unserem Erbgut. Digitaler Einsatz eben, entweder voll oder gar nicht. Und wer das früher als Kerl nicht mehr konnte, wurde von jungen Männchen in die Schlucht gestürzt oder musste die Mädels bewachen, wenn die richtigen Kerle auf Beutezug waren. »Und das steckt eben immer noch in uns, das ist genetisch«, sülzt Brägel.

Ich wage den Einwurf, dass die Steinzeit schon ein paar Jährchen zurückliegt, dass der Dünne mit der Panne deutlich jünger war als wir und das ganze Gewäsch dummes Zeug sei. »Natürlich ist es dumm«, schwafelt Brägel strahlend, »wir sollen ja nicht denken, sondern gewinnen.« Der alte Hans nickt begeistert. »Jau, Kette rechts, bis die Pumpe kreischt.« Mein Einwand, dass Radsport auch zur Schulung der Grundlagenausdauer dienlich sein kann, wird weggebügelt. »Wenn du Gesundheitssport willst, fahr in der Mädelgruppe«, höhnt Brägel. Alle lachen – auch die, die vor einer Stunde fast gekotzt hätten.

Aber wahrscheinlich hat Brägel sogar Recht. Das genetische Programm von Männern hat sich über die Zeit hartnäckig allen Updates verschlossen. Wir sind immer noch die alten Krieger, alles andere wäre eine Illusion. Vielleicht muss der ganze Stress ja auch sein, sonst würden wir Männer am Ende noch so alt wie die Frauen und lägen der eh geschwächten Rentenkasse zu lange auf der Tasche. Das kann nun wirklich keiner wollen, außerdem würde man allen Frauen die Genugtuung nehmen, für das erlittene Machotum wenigstens acht Jahre lang den Alten auf dem Friedhof von oben nass machen zu dürfen. Brägel kommt langsam wieder in Form. »So gut war der gar nicht«, höhnt er, »in seinem Alter hätte ich härter getreten, jede Wette.« Klarer Fall von Realitätsverlust – aber auch das dürfte genetisch sein. Beim dritten Weizen bin ich auch davon überzeugt, dass Radfahren nur mit brutaler Härte Spaß macht. Wir schwelgen gerade in Erinnerungen an eine Ausfahrt 1996, bei der unser Präsident einen Schnösel mit Telekom-Rad dreimal rankommen ließ und immer im genau richtigen Moment wieder antrat, bis der schließlich aufgab – da steht plötzlich Viola am Stammtisch. Brägel wird seit über einer Stunde vermisst. Theaterkarten für heute Abend. Der Mann steht auf, zahlt, sagt Tschüss und ist weg. Wie das ins genetische Programm des harten Typen passt, weiß ich nicht so genau. Ist aber auch egal.

Schmetterlinge

Wird Brägel flatterhaft? Die Mitte des Lebens scheint ihn anfällig zu machen für diverse Versuchungen …

Es begann damit, dass Brägel nach der Feierabendrunde plötzlich einen Caipirinha bestellte. Was die Bedienung in Panik stürzt und uns wundert. Schließlich bekommt er eine Mischung aus Eiswürfeln, Zitronensaft und Rum, die entfernt an einen Caipirinha erinnert. »Was ist das denn – Hustensaft?«, fragt der alte Hans interessiert. »Blödmann«, knurrt Brägel, »das hat weniger Kalorien als Hefe hell und schmeckt sogar besser.«
Keine Frage, irgendetwas stimmt nicht. Dass Brägel ab und zu von Diätanfällen geplagt wird, kennen wir. Aber Caipi statt Hefe – das stinkt. Schon beim Training fuhr der Lapp wenig aggressiv, dafür wirkte er etwas nervös auf seinem nagelneuen Rad. Statt mit dem wunderhübschen blauen Gios kam Brägel auf einer neumodischen amerikanischen Dickrohr-Möhre, mit winzigem Rahmen, elend langer Sattelstütze und Zweiton-Lackierung. Sehr neu, sehr affig für sein Alter und sein Gewicht, und wahrscheinlich auch sehr teuer. Das ganze toppt er noch durch sein neues Euskaltel-Outfit in Orange. Euskaltel ist bekanntlich das Team der spargeldünnen Basken, von denen zwei zusammen auch nicht mehr auf die Waage bringen als Brägel. Ich dachte eigentlich, wir hätten ihm die Manie mit dem ständigen Aufbruch à la Hermann Hesse neulich gründlich

vermiest. Aber jetzt treibt ihn ganz offenbar eine neue Marotte. Und er sieht auch merkwürdig aus: Sein schütteres Haupthaar striegelt er mit einem Gel, was aussieht, als habe er Campagnolo-Fett auf dem Kopf.
Auf seinem Oberarm prangt ein chinesisches Ornament, ein so genanntes Bio-Tattoo, das nach ein paar Wochen wieder weg sein soll. Was die Schriftzeichen bedeuten, weiß er nicht. Wahrscheinlich so etwas wie »Knusprige Pekingente mit Reis – 12,90 Euro«, oder so ähnlich. Und: An seinem Hals baumelt an einem schwarzen Lederriemen ein hölzernes Mini-Surfboard in Orange-Blau. Wenn ich es richtig beobachtet habe, ist das in diesem Sommer der Bringer bei den 14- bis 18-Jährigen. Wie gesagt, es stinkt.

Nach dem Zahlen kommt die Erklärung. Brägel nimmt mich vor dem Clubhaus zur Seite. »Du, äh, nächsten Samstag komme ich nicht zum Training, ich fahre, äh, woanders, im Nachbarort, mit den, äh, Triathleten.« Oha, da schau her! Mir ist nur bekannt, dass dort eine Mannschaft von TriathletINNEN immer mal wieder in der Zeitung steht, weil sie so gut sind. Von Männern habe ich noch nichts gelesen. »Nun ja«, ölt Brägel, »stimmt schon. Aber das ist ein ganz anderes Training, ein ganz anderer, spezieller Rhythmus …« Mir wird schlagartig klar, dass es hier um Dinge geht, die mit Begriffen wie Training und Rhythmus nur mit sehr viel Fantasie zu beschreiben sind. »Wie heißt sie, wie alt ist sie, wie sieht sie aus und wie weit ist es schon?«, frage ich schnell. »Carmen, 26, sensationell, aber passiert ist noch nichts. Fast nichts, wir haben uns, äh, nur auf die Wangen geküsst«, kommt sofort die Antwort. Gnade! Brägel hat's erwischt. Ich erkläre ihm schnell, dass Bussi-Bussi zum Abschied unter jungen Menschen so üblich sei wie sein dämliches »Tschüssi« und versuche Schaden abzuwenden, bevor er entsteht. »Du hast Frau, Kinder, einen Hund und ein dickes Bankkonto«, raune ich, »pass lieber auf.« Brägels Gesicht wird zum Fragezeichen. »Mein Gott Alter, wenn das dumm für dich läuft, bleibt dir am Ende nur der Hund, und nicht einmal das ist sicher. Denk an deine Familie!«

Brägel schaut noch dämlicher und schwärmt ungeniert weiter, als ob er einen Groschenroman diktieren wolle. Uiuiui, er fühle Dinge in sich, die er schon vergessen habe, sülzt er. »Du meinst die vier Semmelknödel und den Sauer braten von Donnerstagabend«, kräht der alte Hans, der plötzlich neben uns steht und grinst. »Idiot«, zische ich, »hau ab.« Als er sich getrollt hat, legt Brägel nach. Er habe Schmetterlinge im Bauch, könne nachts nicht schlafen, leide unter Appetitlosigkeit (pure Einbildung) und schnüffle dauernd an ihrem Stirnband, das er ihr geklaut hat, nachdem sie sich vor zehn Tagen zufällig auf dem Rad kennen gelernt hatten und danach noch auf eine Apfelschorle in der Gartenwirtschaft waren. »Weiß sie von deinen, äh, Gefühlen?«, frage ich. »Noch nicht, aber kommenden Samstag treffen wir uns zum Training. Und bis dahin verjünge ich mich noch ein bisschen. Wie gefällt dir eigentlich mein neues Outfit?«

Da, denke ich, lauert die Lösung, die einzige Chance, Brägel vor einer Dummheit zu bewahren. »Pass auf«, sage ich, »du hast keine Ahnung von Frauen. Wenn du ihr gefallen willst, musst du anders wirken als eine schlechte Kopie ihrer Freunde. Junge Frauen lieben das Souveräne, das Altväterliche. Schau dir Joschka an, Beckenbauer oder Schröder.« Brägel fragt, wer dieser Schröder sei. Jetzt nur nicht nachlassen. »Du ziehst dir ein figurbetontes Molteni-Trikot aus den 70ern an, dazu weiße Tennis socken mit blau-roten Streifen. Du kommst mit deinem alten Peugeot-Renner und perfekt rasierten Beinen. Als Duft wählst du fürs Gesicht Irish Moos, an den Beinen eine Spur Franzbranntwein. Du kaust breit Kaugummi und gibst dich lässig, chefmäßig. Sag von Anfang an Süße zu ihr, oder Kleines.« Brägel stutzt: »Meinst du wirklich?« Es funktioniert: »Ganz sicher, da fahren junge Mädels voll drauf ab.« Brägel nickt, bedankt sich artig und schleicht sich. Ich denke, ich bin gerade dabei, mir einen Orden für die Rettung der Familie Brägel zu verdienen. Obwohl? Vielleicht ist Carmen, 26, sensationell, tatsächlich so ein Papatyp. Soll es ja geben. Ich beschließe, kommenden Samstag auch mit den Triathleten zu trainieren. Nur damit ganz sicher nichts passiert.

Kontaktsuche

Eins muss man Brägel ja lassen:
Gegen den allgemeinen Trend zur Mutlosigkeit
setzt er unermüdlich neue Ideen.
Gut, vielleicht sind noch nicht alle ausgereift …

Brägel ist ganz aufgeregt am Stammtisch. »Weihnachten steht vor der Tür«, sülzt er, »das Fest der Liebe – und der Geschenke.« Gut, nach dem Mistwetter im Sommer kann man schon mal die Orientierung verlieren, erst recht, wenn im Supermarkt schon wieder Dominosteine und Lebkuchen aufgebaut sind. Aber bis Weihnachten sind's trotzdem noch knapp drei Monate. Doch Brägel lässt nicht locker. Man müsse partizipieren, ran ans Marketing und so. Der alte Hans sagt, dass er sich immer rasiert, wenn er auf den Markt geht, aber keiner hört so recht zu, weil Brägel plötzlich einen Koffer öffnet, in dem Hunderte blassblauer Gummibänder liegen. »Das hab ich von Armstrong abgeguckt, der hat gelbe Bändel. Ich verkaufe jetzt blaue, das Stück zu drei Euro, das wird der Renner.« Langes Schweigen.
»Und was ist die Botschaft?«, fragt schließlich der Präsident. »Das gemeinsame Band aller Radfahrer dieser Welt, daran soll man uns erkennen«, sülzt der Lapp, »da lasse ich noch ›Biker United‹ aufdrucken.« Dummerweise sind Radfahrer keine Motorradrocker. Außerdem steht die Farbe Blau für »all inclusive« in ungezählten

Ferienclubs dieser Welt, für 1860 München oder für Fans der Gartenwirtschaft Zellhuber im Nachbarort. Mittlerweile kopieren nämlich etwa eine Million Menschen Armstrongs Idee, so dass keiner mehr weiß, was die Farben eigentlich bedeuten. Einer unserer Jungen im Radclub hat das neulich erfahren müssen. Er dachte, sein rot-weißes Bändchen stünde für »Ich bin Fan von Manchester United«. Das mag sein, aber rot-weiß steht auch für: »Ich bin gegen Sex vor der Ehe«, was dem jungen Mann einen ziemlich freudlosen Sommer beschert hat. Wie auch immer: »Brägel, du bist zu spät, die Bandnummer ist vorbei«, erkläre ich ihm. Brägel trollt sich grummelnd und schimpft noch ein bisschen, dass wir fantasielose Sesselpupser seien, kein bisschen innovativ und »zero positive energy«.

Drei Tage später kommt Brägel wieder strahlend zum Stammtisch. Er habe neue Ideen rund ums Rad, ganz tolle Sachen. Bevor wir uns wehren können, zupft er eine Art Mülltüte in Pink aus seinem schwarzen Aktenkoffer und drückt auf einen schwarzen Knopf am Rand. Unter großem Gezische bläst sich die Tüte zu einer beachtlichen Wurst mit Innenöffnung auf. »Eine vollautomatische Velogarage«, erklärt Brägel, »ganz neue Entwicklung aus China. Ich überlege, ob ich mir die Rechte für Europa sichern soll.« Ich frage mich dagegen, wo er, um Himmels Willen, den ganzen Mist herbringt und erkläre ihm, dass kein Mensch sein Rad in ein Präservativ einpacken wird. Teure Rennräder werden in Kellern und Garagen gehalten. Außerdem pumpt sich das Ding genau einmal vollautomatisch auf, weil dann die Patrone leer ist. Brägel hat aber schon das nächste Exponat ausgepackt. Eine Eigenentwicklung. Wir blicken fassungslos auf einen Sattel, in den Brägel Heizdrähte eingeritzt hat. Von der zerstörten Sitzfläche führen zwei Kabel zu einer alten Autobatterie. »Sitzheizung«, schwärmt er, »ideal für Weihnachten.« Mag ja sein, aber wer soll die tonnenschwere Batterie mitschleppen? Außerdem ist Rennradfahren, zumindest für

Männer, unten rum eh nicht so gesund. Da will sich keiner zusätzlich noch den Hintern verbrennen.
»Sonst noch was«, höhnt der Präsident, »vielleicht Servolenkung oder Bremskraftverstärker?« »Gute Idee«, kontert Brägel, der tatsächlich noch etwas auf Lager hat. »Ich gründe ein Reisebüro. Spezial-Events für Radfahrer, und denen gebe ich auch meine blauen Bändchen.« Gibt es doch alles schon, antworten wir gelang-

weilt. »Ja, aber ich wende mich an Singles, die sich auf den Etappen finden können und sollen. 20 Frauen, 20 Männer und los geht's! ›Ride for contact‹ wird das heißen.« »Was?«, hustet der alte Hans, aber der Präsident unterbricht ihn barsch und ist auf einmal ganz freundlich zu Brägel. »Hör mal, Alter, das klingt gar nicht so falsch. Wann geht denn das los?« Da schau her, die alten Herren. Zugegeben: Diese Idee hat Charme. Doch die eigentliche Frage lautet: Wieso ist Brägel auf einmal so versessen auf das große

Geschäft? Geld hat er schließlich genug. Am nächsten Morgen passe ich Brägel ab. »Sag mal Alter, was ist los, was soll der ganze Business-Mist? Du hast doch Kohle wie Puderzucker?« Brägel wird auf einmal sehr, sehr defensiv, erzählt was von Anteilen an einer Kupfermine in Südafrika, von einem todsicheren Geschäft, das sich im Moment leider etwas ungünstig entwickele, aber vielleicht sei er ja in zehn Jahren wieder in der Gewinnzone. Ich frage, wieviel er vergeigt hat und muss mich setzen. Die Summe entspricht etwa dem Gegenwert von 100 hochwertigen Rennrädern. Brägel ist zwar noch nicht pleite, aber auf einem sehr, sehr guten Weg. Natürlich werde ich ihm helfen, schon alleine, weil er als Mäzen für den Radclub unersetzlich ist und die Duschen im Clubheim auch mal erneuert gehören. Maßnahme eins: keine Anteile mehr an der Kupfermine, nicht einen einzigen. Maßnahme zwei: Ende aller Ideen rund um den Radsport. Mit einer Ausnahme. Die Nummer mit »ride for contact« könnte man ja wirklich mal probieren.

Der Moralapostel

Brägel nimmt den Kampf gegen Doping auf – zum Entsetzen seiner Mitfahrer

Auf dem geräumigen Teller liegt ein exotischer Pilz, in drei kleine Stückchen geschnitten. Daneben zwei kunstvoll arrangierte Kresseblättchen, eine halbe Cocktailtomate und ein Schnipsel Parmesan. Auf der Karte steht, das sei ein Fitnesssalat. Der alte Hans fischt sich gerade das fünfte Ministückchen Weißbrot aus dem silbrigen Designerkorb und streicht ganz dick einen »Dialog aus fettarmem Quark und Gartenkräutern aus der Toskana« (so die Karte) drauf, wobei

ihm ein dialogischer Klecks auf seine Krawatte tropft, was er aber nicht merkt, weil er eigentlich nie Krawatte trägt. Aber heute muss er. Brägel hat zum Jahresessen des Radclubs in das neue In-Restaurant der Stadt geladen. Mal wieder ein Laden, wo man selten satt aber ganz leicht arm wird. Aber das ist Brägels Problem, weil er am Ende die Zeche zahlt. Ein leicht schmierig wirkender Herr in schwarzem Anzug schreitet auf unseren Tisch zu und erklärt mit gekünstelt französischem Akzent, dass uns die Küche in Kürze mit »klarer Herbstgemüseessenz mit gerösteten Würfeln von Bauernbrot aus der Bretagne« beglücken werde. »Was?«, fragt der alte Hans. »Suppe, du Idiot«, flüstere ich zurück. Brägel nickt dem Oberkellner huldvoll zu, der Präsident stöhnt leise. »Meinst du, es gibt auch noch was zu essen?«, raunt er mir zu.
Nach der Essenz, die ein wenig wie Wasser mit Brühwürfel und altem Brot geschmeckt hat, muss der Präsident eine kurze Rede halten. Sie wird sehr kurz, weil er sich erst räuspert und dann mit seinem Dessertlöffel an einen gewaltigen Rotweinkelch klopft. Natürlich zu fest, und eigentlich macht man das mit einem leeren Glas. Nun gut, der schwarze Anzug schnippt kurz mit den Fingern, eine Horde junger Männer mit ernsten Gesichtern und weißen Hemden decken den Tisch neu, und dann bedankt sich der Präses artig bei Brägel für die Einladung. Weiter geht es mit Edelfisch aus irgendeinem, mir nicht bekannten Meer an Fenchel und sieben langen, dunklen Reiskörnern, die wie verirrte Fliegen auf dem Teller drapiert sind. Der alte Hans trinkt den dazu gereichten südbadischen Grauburgunder auf einen Zug und fragt, ob er vielleicht eine Scheibe Fleischkäse mit zwei, drei Pommes bekommen könnte, weil er Fisch nur paniert mag. Als der Kellner entsetzt verneint, bestellt er neues Brot und lässt sich Rotwein nachschenken, von dem er auch schon zum Fitnesssalat und der Essenz zwei Gläser gekippt hat. Der Fisch sieht merkwürdig aus, schmeckt aber gut. Jetzt soll noch eine rosa gebratene Lammschulter mit unaus-

sprechlichen Beilagen kommen. Der alte Hans rechnet aus, dass acht Lämmer umgebracht wurden, wenn jeder von uns eine Schulter bekommt. Dies gelte für den Fall, dass ein Lamm zwei Schultern habe. Weil Hans aber nicht genau weiß, ob Lämmer vielleicht doch vier Schultergelenke besitzen, könnte es auch nur die Hälfte sein. Keine Frage, der Kerl hat einen in der Krone. Ich will ihm gerade noch einen großen Schluck vom Rotwein nachschenken, damit er endlich ohnmächtig wird und den Mund hält, als sich Brägel räuspert. Er will reden. Das hat er bisher noch nie getan bei unserem Jahresessen.

Brägel trägt ein Hemd in Aufbruchorange, dazu einen dunklen Anzug, keine Krawatte. Sieht gar nicht so übel aus. »Liebe Freunde«, beginnt er, und danach folgt eine höchst bemerkenswerte Rede über die Moral im Radsport. Zusammengefasst: Brägel ist entsetzt über unseren schönen Sport. Dass nun auch Armstrongs Urin EPO enthielt, habe ihm den Spaß fast vollends verdorben. Es müsse sich dringend was ändern, die Moral wieder im Zentrum stehen. Hehrer Sport, faire Gesinnung, saubere Leistung. Da schau her, Brägel als Saubermann. Ausgerechnet er, der außer Eigenurin alles probieren würde, wenn er nur wüsste, wo es das Zeug zu kaufen gibt. Und jetzt einen auf sauber machen. Nun gut, dass er spinnt wissen wir ja. Ich will mich gerade auf das Lamm freuen, da lässt er die Bombe platzen: »Da ich die Profis nicht mehr ändern kann, habe ich beschlossen, wenigstens im Verein ein Zeichen zu setzen. Künftig wird es bei uns nach den Ausfahrten und RTFs Kontrollen geben. Und damit wir gleich wissen, wo's lang geht, gibt jeder heute Abend eine Urinprobe ab, die auf Anabolika und Aufputschmittel untersucht wird. EPO und Wachstumshormon folgen, wenn die Tests billiger werden. Maître Jacques wird nach dem Digestif die Becher verteilen.«

Der schwarze Anzug grinst diabolisch und verbeugt sich leicht. Ach, du dickes Ei – wenn der alte Hans heute Abend noch in einen

Becher pinkeln muss, gibt es ein Unglück. Der trifft höchstens noch ein Schwimmbecken. Ich frage mich gerade, was Brägel jetzt wieder reitet, als mir der Präsident den Ellenbogen in die Rippen rammt. »Äh, könntest du vielleicht für mich pinkeln?«, raunt er und schaut betreten auf seine Schuhspitzen. Da schau her, jetzt wird mir einiges klar, besonders der harte Tritt vor einer Woche am Großglockner. Überall am Tisch betretene Gesichter, nur der alte Hans jubelt, weil er nicht kapiert hat, um was es geht. Zwei verlassen noch vor dem Lamm die Runde – wichtige, unaufschiebbare Termine. Der Präsident nuschelt was von einem Prostataleiden, das es ihm leider unmöglich mache, heute noch Wasser zu lassen. Am Ende will etwa die Hälfte keinen Becher von Maître Jacques annehmen.
Kein Zweifel, Brägel hat in ein Wespennest gestochen. Auch unser Radclub also eine Schlangengrube des Dopings, stammelnde Lügner, feiste Ausreden? Unglaublich. Plötzlich erhebt sich Brägel wieder. »War nur ein Scherz Leute, so viel Kohle habe ich auch nicht. Aber jetzt wissen wir wenigstens, wer die nächsten sechs Monate außer Konkurrenz fährt. Lasst's euch schmecken, Prost! Und ein besonderes Hoch auf deine Prostata, Präsident!« Peng, das saß. Ehrlich gesagt, bin ich auch froh, dass wir uns nach dem Lamm noch angstfrei den »frischen Früchten an einem Schnee von karamellisiertem Rohrzucker« zuwenden können. Man weiß ja schließlich nie, was bei so einem Test rauskommt. Ich meine – mein Pulver kommt aus dem Internet. Ganz legale Nahrungsergänzung für amerikanische Bodybuilder. Ganz bestimmt kein Doping, im Ernst.

Hitzeschlacht

Beamte sind angeblich immer im Dienst – und bei Radsportlern ist immer Rennen, auch wenn sich keiner bewegt …

Es gibt ein paar Dinge, die passen nicht so richtig zum Radfahren. Enge Radwege zum Beispiel oder Gegenwind, oder, noch schlimmer: Kälte. Grauenhaft, wenn die Knie nicht richtig warm werden, eisiger Wind durchs Trikot pfeift, klamme Finger die Bremse kaum fassen können, und der heiße Tee in der Trinkflasche zu Klümpchen gefriert. Wir haben deshalb beschlossen, bis zum Malle-Ausflug im Februar einmal pro Woche auf Brägels virtueller Superrolle zu fahren und zusammen in die Sauna zu gehen.

Der alte Hans wird beauftragt, einen Termin auszugucken. Vorzugsweise in einem dieser Spaßbäder, die man jetzt gerne Oase oder Tempel nennt. Stinknormale Schwitzkabinen heißen neuerdings ja auch Wellness-Landschaften. Am Stammtisch präsentiert Hans zwei Alternativen: donnerstags, 19 bis 22 Uhr, Männersauna im städtischen Hallenbad oder samstags von 15 Uhr an gemischte Sauna in den Toll-Quellen. Donnerstags hat leider keiner Zeit. Aber am Samstag erst 30 Kilometer locker rollen, dann Sauna: Das klingt gut.

Die Schwierigkeiten fangen an, als Brägel in der Umkleidelandschaft (früher Kabine) zwischen Kunstpalmen und indischen Klängen verzweifelt an sich hinunterblickt. Wie gesagt, es ist bitterkalt in Deutschland, und nach 90 Minuten Radeln im Freien hat er große Probleme, sein männliches Attribut überhaupt zu finden. »So geh' ich hier nicht raus«, jammert er, »was sollen denn die Frauen, äh … die Leute denken?« Himmel, hilf. »Das ist eine Sauna und kein Swingerclub«, höhnt der Präsident, der, wahrscheinlich wegen seines neuen Carbonsattels, einen Hintern wie ein Pavian zur Schau stellt und sich schleunigst ein Handtuch umbinden sollte. Brägel hat derweil seinen Föhn aus dem Rucksack genestelt und tut Dinge, über die man hier gar nicht sprechen soll und die zum Glück außer uns keiner sehen muss. Nachdem wir Brägel überredet haben, seine Sonnenbrille abzunehmen und sich von seinen Radsocken zu trennen, können wir los. Der alte Hans gibt das Sauna-Ekel. Das sind die Kerle, die sich das Handtuch um die Schultern legen und ansonsten als Freiträger mit Hohlkreuz durch die Gänge wackeln.

Wir entscheiden uns für eine finnische Sauna, 90 Grad, Aufguss zu jeder vollen Stunde. Die Kabine ist fast leer. Brägel will sich gerade auf sein dezentes DIN-A-4-Handtuch setzen, als eine energische Stimme aus der Ecke mahnt: »Kein Schweiß aufs Holz, die Füße auch aufs Handtuch.« Brägel zuckt zusammen, murmelt irgendwas,

verschwindet und kommt kurz darauf mit einer Art Stoffplane zurück, auf der locker drei von seiner Sorte gepasst hätten. Aber dann sitzen wir. Noch zwölf Minuten bis zum Aufguss. Der Präsident sagt »Pffft«, dann ist Ruhe. Gelegentlich geht die Türe auf, andere Leute kommen, und ohne Worte wird uns klar, dass schon wieder Rennen ist. Die Räder stehen zwar draußen, aber es steht fest, dass wir erst dann hier wieder rausgehen, wenn auch der letzte der Warmduscher aufgegeben hat. Ehrensache. »Pfffffffft«, stöhnt der alte Hans, ich spüre den Puls im Hals und Brägel schwitzt, als hätte er kurz vorher drei Hefe hell gekippt.
Nach zehn Minuten reicht es eigentlich, aber eine sehr junge, sehr freundliche Dame steht plötzlich mitten in der Glutkammer, in der Hand einen Holzbottich und ein Handtuch. Die Frau sagt, dass sie Jenny heiße und jetzt einen Aufguss machen würde, der acht Minuten dauere. Wem das zu heftig sei, der solle jetzt gehen. Wir bleiben, obwohl der Kopf vom Präsi glänzt wie sein feuerroter Basso-Rahmen. »Pffffffffffffft«, stöhnt Brägel und kratzt sich an der Stelle, die er vorher geföhnt hat. Der alte Hans hat den Kopf fast zwischen seinen Knien versenkt, ich bin mir nicht sicher, ob er noch lebt. Ein älterer Herr steht auf und geht. Sieg. Den ersten haben wir locker weggehauen. Jenny gießt fünf Kellen auf die heißen Steine des Ofens. Es zischt und riecht plötzlich nach Mandarine, Kokosnuss und Lebkuchen. »Wintermischung«, sagt Jenny und lässt das Handtuch über unseren Köpfen kreisen. Mir bleibt fast die Luft weg, brüllende Hitze, rasender Puls. Jenny lacht. »Pfffffffffffft – aaaaaaaah«, stöhnt der Radclub. Jenny gießt noch einmal auf, wedelt, und dann noch mal. Gnade!
Es ist still, wir leiden wie am Berg, und keiner will als Erster abreißen lassen. »Wollt ihr eine Zugabe?«, ruft Jenny nach quälend langen Minuten in die Hitze. »Ja«, krächzt der alte Hans zum Entsetzen aller. Offenbar ist er noch am Leben. Wir zwingen uns zu einem Lächeln, obwohl das Hirn kocht. Wir sind jetzt schon

knapp zwanzig Minuten hier drin, gesund war es bis vor zehn. Jenny gießt den Rest aus dem Eimer auf den Ofen und strebt zur Tür. »Noch zwei Minuten nachschwitzen, ja?«, sagt sie und geht. Es folgen die längsten 120 Sekunden meines Lebens. Aber keiner gibt auf, auch nicht die beiden Frauen, die ganz oben sitzen, aber die sind auch fünf Minuten nach uns gekommen. Brägel scheint zu zerfließen, doch auch er bleibt in der Hölle sitzen. Jahrelanges Radtraining zahlt sich aus. Dranbleiben, dranbleiben, dranbleiben.
Jenny ist wieder da. Wir dürfen raus. Der alte Hans rennt fast durch sie durch, der Präsident springt ungeduscht ins Tauchbecken, mir ist schlecht. Aber wir haben es geschafft. Brägel steht unter einer Eisdusche und gibt seltsame Laute von sich. Höchste Zeit, dass es draußen wieder wärmer wird. Nicht, dass noch was passiert. Nächsten Samstag fahren wir auf alle Fälle nur Rad.

Furcht vor Falten

Eigentlich hat Brägel vor nichts Angst. Aber dass der Zahn der Zeit an seinem Alabasterkörper nagt, macht ihm doch ein wenig Sorgen …

Brägel ist schon den ganzen Abend brummig. »Was ist los«, frage ich, »war doch eine schöne Runde heute?« Brägel seufzt. »Schon, aber ich war nicht so gut drauf.« »Das ist doch immer so«, ätzt der Präsident. Wir empfehlen Brägel noch ein Hefe hell, weil das seine Stimmung zuverlässig hebt. Er trinkt brav, verströmt aber weiter Stimmung in Moll und seufzt gelegentlich schwer. Im Herbst sind uns seine Depri-Phasen geläufig, aber jetzt, im beginnenden Frühjahr, ist das doch merkwürdig. Eine Stunde und ein Hefe später rückt er langsam raus mit der Sprache. Wenn ich es recht verstanden habe, wollte er von der gesetzlichen in die private Krankenversicherung wechseln, wurde aber vor der Unterschrift zu umfangreichen Untersuchungen verdonnert.

»Das sei normal in meinem Alter, hat mir der Versicherungsfuzzy gesagt«, jammert Brägel, »und da ist mir wieder mal klar geworden, dass die Jugend wohl dahin ist.« Kein Grund zur Panik: »Das geht uns doch allen so«, sage ich. Aber offenbar hält ihn die Midlifecrisis fest im Griff. »Ist doch furchtbar. Schaut mal, was das Alter aus einem macht. Die Kraft schwindet, der Verfall ist unübersehbar«, klagt er und deutet auf den alten Hans. Der dreht sich auf der Suche nach dem beschriebenen Wrack um und kapiert nur langsam, dass er gemeint ist. »Hör mal zu«, knurrt er, »ich hab' ein paar graue Strähnen und Falten im Gesicht, aber für dich reicht es am Berg immer noch.« Brägel lächelt milde. »Mag ja sein, aber in 15 Jahren brauchst du eine Leiter, um in den Sattel zu kommen, und ich schaffe vielleicht noch einen 20er-Schnitt.«

Das könnte durchaus so sein, aber auch das ist weder neu noch außergewöhnlich. Der muskuläre Verfall beginnt unmittelbar nach der Pubertät und beschleunigt sich langsam, aber stetig. Wir im Radclub sind mittlerweile in einer Zeitzone angekommen, in der Leistungssteigerungen nur noch durch aberwitziges Training erreichbar sind und schon das Halten des Niveaus jedes Jahr mehr und mehr Kilometer fordert. Aber sonst geht's schon noch – Wampenfaktor im Club ist erträglich, die Gespräche am Stammtisch drehen sich nur am Rande um Krankheiten, auf Kur war noch keiner, und dass die Älteren beim Lesen der Speisekarte die Arme ausstrecken müssen – das ist halt so. »Brägel«, sagt der Präsident, »wenn du Probleme hast, lass dir doch die Haare tönen und versuch's mal bei einem Anti-Aging-Doktor.« »Was ist denn das?«, fragt er, sofort Feuer und Flamme. »Das sind Leute, die dir unsinnige Pillen verschreiben und dein Konto plündern«, sage ich, aber der Lapp ist infiziert.

Zwei Wochen später ist Brägel wieder obenauf. Er hat jetzt einen Therapeuten, der ihn mit einer Spritzenkur hochjubelt und ihm ein 20 Jahre längeres Leben durch Papaya-Extrakte und rechtsdrehendes Soja verspricht. »Superspritzen, da ist alles drin, was dein Körper nicht mehr richtig produziert«, jubelt er, »vor allem Sexual- und Wachstumshormone. Wirkt fantastisch.« Wir wollen gar nicht so genau wissen, wie phantastisch, müssen ihm aber leider erklären, dass er künftig außer Konkurrenz an den Ausfahrten teilnehmen muss, weil diese Substanzen keine Medizin, sondern schlicht

Doping sind. »So weit kommt's noch«, sagt der Präsident, »du gehst zum Arzt und dopst nachher auf Rezept.« Brägel ist verzweifelt, betont die medizinischen Aspekte – aber da hat er sich geschnitten. »Wenn du dich zehn Jahre jünger machst, kannst du künftig mit der Nachwuchsgruppe mitfahren«, sage ich. Brägel lenkt mürrisch ein und verspricht, die Mittel abzusetzen, weil ihm die Gemeinschaft im Club doch wichtiger sei. »Ist auch besser für dich«, sagt der alte Hans, »reife Typen haben schließlich auch Chancen bei den Frauen.« »Reife vielleicht – überreife nicht«, kontert Brägel, gelobt aber, sich künftig altersspezifisch zu verhalten, zu ernähren und zu trainieren.

Wir glauben ihm nicht. Ist ja auch merkwürdig, dass der Lapp Tage später immer noch so unglaublich leichtfüßig tritt. Zudem hat der Präsident beobachtet, dass sich die Struktur von Brägels Oberarmen verändert hat. Wir beschließen, der Sache auf den Grund zu gehen. Ich werde bestimmt, den Anti-Aging-Doktor aufzusuchen. Vielleicht ist ja trotz ärztlicher Schweigepflicht rauszukriegen, ob Brägel dort noch Patient ist. Der Präsident bewilligt zu Recherchezwecken 200 Euro aus der Clubkasse. Leider ist es trotzdem ein sehr schweres Unterfangen. Bevor man in der chromglänzenden Praxis einen Arzt sieht, nehmen einem sehr junge Damen sehr viel Blut ab. Danach fährt man auf einem Ergometer, der aussieht wie ein Raumgleiter, muss einen sehr indiskreten Fragebogen (Wie oft haben Sie Sex in der Woche?) ausfüllen und auf ein Federpedal pinkeln. Dann kommt tatsächlich ein Arzt und erklärt mir, dass ich praktisch so gut wie tot sei. Aber Hilfe sei in Sicht, ein paar Kombi-Präparate, die leider keine Kasse bezahlt, und schon ginge es wieder ab wie die Feuer wehr. Was genau abgehe, will ich wissen, aber da ist er schon wieder weg. Auf dem Tisch liegen Privatrezepte über knapp 700 Euro, zu Hause im Briefkasten finde ich kurz darauf die Arztrechung: 412,65 Euro. Armer Radclub. Ob Brägel dopt, wissen wir immer noch nicht. Nach dem nächsten Training fragen wir. Brägel grinst und wirft eine Handvoll Rezepte auf den Tisch. Die gleichen, die ich auch bekommen habe – offenbar hat er die Drogen nie abgeholt. »Ich bin doch nicht wahnsinnig«, sagt er, »dass diese Doktoren in ihrer Superpraxis nicht richtig ticken, hab ich gleich gemerkt.« Wir sind sprachlos. »Aber du hast doch von dem Papaya-Mist erzählt?«, frage ich. »Euch kann man auch alles erzählen. Meine Form kommt von ganz normalem Training, ihr Lampen.«

Stille im Rund. Brägel hat uns ausgetrickst, ganz klar. Aber jetzt können wir wenigstens in Ruhe gemeinsam alt werden. So in ein paar hundert Jahren.

Urlaub von Anfang an

Ganz Radsport-Deutschland sehnt sich nach Sonne. Brägel eilt ihr sogar entgegen, ganz entspannt …

Brägel ist ganz euphorisch. Endlich geht's in den Osterurlaub, zwei Wochen im Süden, ausspannen mit der ganzen Familie, aber natürlich auch etwas für die Form tun. Wir haben ihn allerdings extra noch gewarnt, sich vorher zu entscheiden. »Entweder ausspannen oder radeln«, so die Empfehlung des Stammtischs. »Warum denn das?«, fragt Brägel. »Ganz einfach«, antwortet der alte Hans, »weil du mit deinem ganzen Gedöns ein Auto brauchst und nicht fliegen kannst.« Brägel hat sich noch ein Hefe hell bestellt und nur geantwortet: »Ach was, kein Problem.«
Jetzt steht er in seinem Keller vor einem Berg von Gepäck und versucht sich vorzustellen, wie das alles in sein Auto passen soll. Zwei Rennvelos für Viola und ihn, Jan-Miguels Kinderrennrad, Louises 20-Zoll-Rädchen – und daneben steht Dertutnix und wedelt mit dem Schwanz. Brägel hat zwar einen Van, aber der Berg ist gewaltig. Vier Stunden später ist alles verstaut, auch die Bettwäsche fürs Ferienhaus. Das Auto hängt tief in den Federn, obwohl noch keiner drinsitzt. Zwei Räder auf dem Dach, zwei an der Heckklappe, im Gepäckraum stapeln sich links die Koffer bis unters Dach, rechts ist eine Ecke für den Hund ausgespart. Knapp 1200 Kilometer liegen vor der Familie. »Zum Frühstück sind wir da!«, jubelt Brägel, der

nachts fahren will, wegen der Hitze und wegen der Kinder. 21 Uhr, Abfahrt. Zehn Minuten später fragt Louise: »Paaaapaaaa, wann sind wir da?« Brägel schmunzelt: »Das dauert noch ein wenig, Mäuschen, schlaf jetzt, schau, die Mama hat auch die Augen zu.« Stimmt. Viola röchelt schon leise, warum auch nicht. Brägel gehört zu jener Sorte Männer, die ihre Frauen nie ans Steuer lassen, schon gar nicht nachts. Lieber fährt er, bis er weiße Kühe auf der Fahrbahn sieht, die da gar nicht sind. Ein, zwei Espresso in der Raststätte, dann geht's schon wieder. Die kleine Louise legt sich brav hin, wobei sie Jan-Miguel berührt, der sie dafür in die Wade zwickt. Tumult auf der Rücksitzbank. »Aufhören«, säuselt Brägel, »wenn ihr jetzt brav einschlaft, gibt es morgen ein Eis.« Der Radau nimmt zu, weil es im Urlaub sowieso dauernd Eis gibt. Inzwischen zieht Louise Jan-Miguel an den Haaren, worauf der zu weinen beginnt, was Brägel rasend macht, weil große Jungs nicht plärren, wenn die

kleine Schwester sie an den Haaren zieht. »RUHE«, brüllt Brägel, die Kinder erschrecken und hören tatsächlich auf. Viola zuckt kurz, schmatzt zweimal und rollt sich röchelnd in ihrem Sitz zusammen. Das Auto radio meldet Stau vor dem Gotthardtunnel. Brägel nimmt Kurs auf den San Bernardino, weil darauf keiner kommt – denkt er zumindest.

1:15 Uhr. Es läuft prima, der Schnitt liegt bei knapp 100 Kilometern pro Stunde, als Viola erwacht. »Kannst du demnächst mal anhalten, ich brauche eine Toilette.« Brägel mag nicht, anhalten ist schlecht für den Schnitt und jetzt läuft's doch gerade so gut. In seiner exakten Zeitplanung ist Pinkeln erst in Lugano vorgesehen. »Schaffst du noch zwei Stündchen?«, flötet er. »Nein.« Brägel steuert einen Rastplatz an, blickt streng auf die Uhr: »Du hast fünf Minuten. Und nimm die Kinder mit, damit wir nicht gleich wieder halten müssen.« Viola erklärt ihm, dass er sie ja wohl nicht alle habe, dass die Kinder weiter schlafen dürften und dass sie genau so lange brauchen werde, wie sie eben brauche. Eine Viertelstunde später geht es weiter. Brägel ist säuerlich, aber dafür hellwach. Jetzt aber flott, denkt er, als vor ihm Bremslichter aufleuchten. Stau am Bernardino, der nirgends gemeldet wurde. Brägel träumt vom Meer und zuckelt mit Tempo 30 weiter Richtung Tessin. »Wenn ich die Kurven schon nicht schnell fahren kann, muss wenigstens der Hund nicht kotzen«, denkt er.

In Lugano fehlen 90 Minuten zum Schnitt, es ist noch dunkel, Brägel totmüde. Dertutnix hat sich im Gepäckraum aufgerappelt und hechelt wie verrückt, er muss auch mal. Brägel steuert einen Rastplatz an und findet nur mit Mühe eine Lücke zwischen den etwa tausend Wohnmobilen. Dafür findet Dertutnix einen halb verwesten Vogel, den er stolz im Maul heranträgt. Der Hund stinkt erbärmlich und wedelt mit dem Schwanz. »AUUUUSSSSSS«, bellt Brägel. Dertutnix schluckt erschreckt den toten Vogel runter und macht ein Bäuerchen. Brägel füttert ihn mit einem Schokoriegel

und hofft, dass es wirkt. Weiter geht's. Nach zehn Minuten erwacht Viola und rümpft die Nase. »Was stinkt hier so?«
Brägel hat die Faxen dicke und kontert: »Du«. Es beginnt ein auf Langstrecken üblicher Ehekrieg mit beidseitiger Scheidungsandrohung, an dem sich peu à peu auch die Kinder brüllend beteiligen. Nur der Hund ist still. Die Kernsätze: »Du wolltest ja nachts reisen, warum müssen wir auch so weit mit dem Auto fahren, und du hättest den Hund ja auch zu deiner Tante bringen können.« Die Kernkonter: »Tagsüber hätte ich euch sehen müssen und das ist gegen die Genfer Kriegsrechtskonvention, mit euch komme ich in kein Flugzeug, weil ihr schon vorher als Sicherheitsrisiko verhaftet werdet. Meine Tante mag keine Hunde, und überhaupt ist Dertutnix der einzig Vernünftige außer mir.«
Bis zum Meer passiert dann nur noch wenig. Jan-Miguel lässt einen Becher Bananenjoghurt fallen, Viola besucht demonstrativ 25 Minuten eine Toilette in der Nähe von Genua, und Dertutnix wird in einer scharfen Rechtskurve unter herabfallenden Gepäckstücken begraben, überlebt aber wie durch ein Wunder unverletzt. Dafür konnte er vor Angst das Wasser nicht halten. Trotzdem erreicht die Familie das Ziel. Die Kinder rasen gut gelaunt am Ferienhaus vorbei direkt an den Strand, Viola legt sich ein Stündchen hin und Brägel darf das zerstörte Auto ausräumen und säubern. Hungrig, bleich und müde macht er sich an die Arbeit. Nach zwei Minuten bemerkt er, dass die Kinderräder nicht mehr auf dem Dach sind. Im Nachhinein bekommt das seltsame Geräusch bei der Zahlstelle in Imperia einen Sinn. Brägel beginnt leise zu weinen und schwört sich, künftig auf seine Kumpels im Radclub zu hören.

Nur zum Spaß

Plötzlicher Sinneswandel bei Brägel? Aus irgendeinem Grund will er mit voller Absicht nur noch langsam fahren …

Ach, ist das herrlich. Noch 20 Kilometer bis zum Ende der Runde, und wir sind gut eine Minute vor der Marschtabelle.

Der 25er-Schnitt ist noch locker drin, jetzt nur noch den letzten Hügel vor dem Ziel hoch beißen, dann passt's. Brägel muss abreißen lassen, aber das ist fast immer so. Im Clubhaus hat er zehn Minuten Verspätung (auch das ist normal), aber gute Laune (eher selten). »Na, ihr Superstars, habt ihr euch wieder die Kante gegeben?«, sülzt er in die Runde und bestellt ein Hefe hell. »Blöde Frage«, knurrt der alte Hans, »wir sind ja schließlich nicht zum Vergnügen unterwegs.« Brägel schenkt uns ein seltsam entspanntes Lächeln. »Ich schon«, sagt er und sucht sich lockeren Schrittes einen freien Platz am Tisch. Erst jetzt merken wir, dass es gar nicht klackert, wenn er läuft. Brägel trägt so eine Art Freizeitschuh mit versenkten Platten – ein typisches Weichei-Equipment, das so gar nicht zu seiner sonst üblichen Lieber-tot-als-Zweiter-Grundstruktur passen will. Danach erklärt er, dass er keine Lust mehr auf Stress habe. Rad fahren sei für ihn neuerdings nur noch purer Genuss, Spaß an der Bewegung in frischer Luft, Entspannung vom Alltag. Dazu habe er auch sein Rad ein wenig modifiziert. Neues Pedalsystem, damit man auch zu Fuß gehen könne, ohne peinlich aus zusehen, Gel-Sattel und Dreifach-Kettenblatt. Letzteres galt ihm bis vor kurzem als Ausdruck finaler Schwäche der Beinmuskulatur oder lascher Gesinnung oder beides. Neulich fuhr er vorne noch ein altes 42er als kleines Kettenblatt, was er auch jedem erzählte, der es nicht wissen wollte.

»Geht es dem Fräulein nicht gut?«, ätzt der alte Hans. »Sehr gut sogar«, flötet Brägel immer noch lächelnd, »weil ich meinen Körper und seine Grenzen akzeptiere.« Himmel hilf. Wenn dem tatsächlich so wäre, dürfte er überhaupt nicht mehr in den Sattel, zumindest nicht in den eines RENNrades. Aber er tut es und erklärt uns obendrein, dass er auch den Computer demontiert habe,

weil ihm sein Schnitt mittlerweile Wurst sei. »Mir macht es einfach nur noch Spaß«, sagt er, »ich brauch das ganze Geschinde nicht mehr.«
Ich vermute eine neue Taktik bis zum Vereinsausflug nach Alpe d'Huez. Oder er hat irgendeinen Mist in einem Zeitgeist-Magazin gelesen. Jetzt sind wir jedenfalls mittendrin in einer sehr ernsten Diskussion. Radfahren, so viel steht doch fest, hat mit Spaß gar nichts zu tun – hatte es nie.
Wo kämen wir da sonst hin? Es weiß doch jeder, dass im Sattel Attribute gefragt sind, die uns Männern schon vor Millionen von Jahren auf die Gene genagelt wurden. Härte, Kampf, Durchsetzungsvermögen, Taktik – spaßig wird es nur, wenn wir mal wieder einen abgehängt haben. Durch die Landschaft gondeln, tief durchatmen und Blümchen gucken, das gab's doch noch nie. »Erst schwule Cowboys im Kino und jetzt auch noch das«, stöhnt der alte Hans. Die anderen nicken. Brägel lächelt immer noch. »Ist mir doch egal, wie lange ich nach Alpe d'Huez brauche. Hauptsache, es macht Spaß, und wenn ich unterwegs einen schönen Aussichtspunkt sehe, dann halte ich einfach an.« Unglaublich – Anhalten ohne Not, Bergfahren ohne Zeitnahme, das hat doch mit Radsport nichts mehr zu tun.
Der alte Hans fordert einen sofortigen Beschluss, nach dem Brägel sein Vereinstrikot abgeben müsse, bis er wieder normal sei. So könne er jedenfalls nicht mehr mit uns fahren, das sei Verrat an der Sache. »Fehlt noch, dass du nur noch bei Sonnenschein und 25 Grad in den Sattel steigst.« Brägel findet das keine schlechte Idee, wobei ihm 18 Grad auch reichen würden. Er bestellt sich noch ein Hefe und erklärt uns, dass wir nichts weiter seien als unreife Chauvis, nahe am Verfallsdatum, und dass wir uns mit dem ganzen Härtegetue lächerlich machen würden. »Jeder 20-Jährige hängt euch doch locker ab, selbst wenn er gar keinen Sport macht. Jungs, guckt mal in euren Pass, ihr seid doch nur noch Geschichte!«

Der alte Hans jault auf, als hätte ihm Brägel eine Betonplatte auf den Fuß geworfen. »Nimm das zurück«, bellt er, »wir sind echte Männer und Sportler, wir haben nur dann Spaß, wenn es weh tut, und wir können noch was. Wenn wir dir zu schnell sind, geh doch zu den Mädels.« Brägel winkt lächelnd ab, zahlt und lässt uns ratlos zurück. So weit weg war er noch nie. Das schöne an diesen unruhigen Zeiten ist doch, dass es in Stein gemeißelte Wahrheiten gibt, über die man nicht zu reden braucht. Und Radfahren ist und bleibt eine ernste Angelegenheit. Worum soll es denn gehen, wenn nicht darum, besser zu sein als die anderen? Eben – und das muss auch so bleiben, bis ans Ende der Zeit. Wer nichts mehr spürt, wenn er abgehängt wird, ist tot. Basta.
Brägel fährt aber auch am kommenden Samstag nur spazieren, erträgt gelassen 20 Minuten Rückstand und denkt laut über den Kauf eines Tourenrades nach. Mit Licht und Gepäckträger. Wir sind gerade dabei, über einen Vereinsauschluss wegen satzungswidrigen Verhaltens zu diskutieren, als sich das Rätsel löst. Brägels Gattin Viola erzählt beiläufig, dass Brägel in einem Krankenkassenseminar von Fettverbrennung bei niedriger Leistung gehört hat. Und weil er im superlangen Winter zu viel auf den Rippen angesammelt hat, will er jetzt in Ruhe abspecken und uns unauffällig ein wenig einbremsen, damit wir im Sommer nicht zu weit voraus sind. Alles Taktik also, klare männliche, gemeine List, nichts als ein durchtriebenes Manöver. Dem Himmel sei Dank! Brägel tickt doch noch männlich. Und es bleibt dabei: Radfahren ist kein Spaß – nie gewesen.

Brägel allein zu Haus

Wie der Nachbar die Irrungen und Wirrungen des Alltags entdeckt …

Das Unheil ist für alle gut sichtbar. Brägel kommt zur Samstagsrunde und guckt unglücklich aus einem viel zu kleinen T-Mobile-Trikot, das ihn bauchfrei präsentiert, obwohl das ein relativ unästhetischer Anblick ist. Bevor wir Hohngesänge anstimmen können, klärt er uns auf – seine Frau Viola ist mit den Kindern für drei Wochen in Tante Hedwigs Ferienhaus in die Toskana gefahren. Ohne ihn, weil er unseren gemeinsamen Ausflug nach L'Alpe d'Huez in ein paar Tagen nicht versäumen will, und weil er Tante Hedwig, deren Haus und ihre toskanischen Freunde leiden kann wie Bauchschmerzen. »Aber warum kaufst du dir deshalb Puppenkleider?«, fragt der alte Hans. »Idiot«, zischt Brägel, »ich hab' gewaschen, und dann sah das so aus.« Wir erkundigen uns nach der Waschtemperatur und ernten Stirnrunzeln. »Wie, Temperatur? Ich hab' das Zeug rein in die Trommel, Waschpulver hinterher, Türe zu und los.« Wir erklären ihm, dass Waschmaschinen ein Temperaturrad haben, das Waschpulver in ein separates Fach kommt und die Wäsche nach Farbe und Temperatur getrennt behandelt wird. Aber davon scheint er keine Ahnung zu haben, wie ein Blick auf seine Socken beweist, die wohl mal weiß waren und jetzt in einem schmutzigen Magenta schimmern.

Keine Frage, dem Mann drohen harte Wochen bis zur Abfahrt in die Alpen, zumal er heute Vormittag schon 50 Euro Strafe im Supermarkt zahlen musste. Brägel erklärt, dass er seinen Einkaufswagen mittels Seitenschneider von der Kette getrennt hätte, den Ein-Euro-Schlitz habe er erst später bemerkt. Eigentlich gute Aussichten für uns. Wenn er so weitermacht, sitzt er entweder in zwei Tagen im Bau oder vergiftet sich selbst, weil er den Abflussreiniger mit Knuspermüsli verwechselt. Aber da wir grundsätzlich gute Menschen sind, werden wir ihm natürlich helfen. Jetzt aber erst mal Training, wobei uns nach 30 Kilometern auffällt, dass Brägel selbst für seine Verhältnisse relativ teigig fährt und von ganz üblen Blähungen geplagt wird. »Sag mal Alter, was isst du eigentlich den ganzen Tag?«, fragt der alte Hans. »Morgens gar nix, mittags Curry spezial mit Pommes an der Bude, und abends mache ich mir Miracoli.« Wahrscheinlich steckt er dazu die gesamte Packung in die Mikrowelle. »Quatsch«, tönt er, »die Nudeln werden gekocht, und das Tomatenmark verrühre ich eins zu eins mit Öl zu Soße.« »Eins zu eins mit Wasser, du Lapp«, sage ich, »und dann noch ein Schuss Öl oder Butter dazu. Hast du den Käse etwa auch in die Soße gekippt?« Brägel nickt.

Im Prinzip gönnen wir ihm ja jedes Unheil, aber hier droht Gefahr für Leib und Leben. Brägel bekommt zwei Handynummern als Hotline für alle Fragen, die Männer allein zu Hause bewegen könnten. »Ruf einfach den Präsidenten an oder mich, wir helfen gerne«, sage ich zum Abschied, »und schmier' dir bitte kein Campa-Fett aufs Brot, ja?!« Brägel nickt wieder. Keine vier Stunden später klingelt mein Handy. Brägel ist im Supermarkt und will noch eine Vorratspackung Miracoli, saure Gurken, Dosenwurst und Flaschenbier kaufen. »Hier läuft eine Verschwörung«, zischt er, »die Frauen kriechen fast alle im Kühlregal herum und aus den Lautsprechern kommt dauernd ›Die 12 bitte an 35, die 12 bitte an 35‹ – hier stimmt was nicht.« Ich erkläre ihm, dass die Frauen deshalb tief in

die Regale eintauchen, weil hinten die frische Ware steht; und dass die Durchsage eine Verkäuferin oder Kassiererin betrifft, die zum Chef kommen soll. Brägel stöhnt. Ich empfehle ihm, auch was Gesundes zu kaufen und lege auf. Ein Fehler. Ein paar Stunden später ist er wieder dran. »Ich habe mir einen gesunden Salat gemacht, wie du gesagt hast, aber jetzt brennt mein Hals wie Feuer«, krächzt er. Es stellt sich heraus, dass Brägel Essigreiniger über das Grünfutter gekippt hat. »Bist du wahnsinnig, Essigreiniger ist für das Bad!« Brägel fragt, ob er den Salat im Bad essen solle. Ich ignoriere seine Einfalt, empfehle ihm, Milch zu trinken und sofort zum Arzt zu gehen. Danach hören wir drei Tage nichts.

Am vierten Tag kommt er gut gelaunt zum Training. Er trägt ein neues Trikot und sein Rad strahlt blitzblank. Brägel erklärt, dass Essigreiniger weder für Salatsoßen noch zur Badreinigung zu gebrauchen sei. Im Salat schmecke er streng, und im Bad wirke das Zeug kaum. »Ich habe aber ein super Mittel entdeckt, Baff oder Biff oder so«, sagt er und berichtet, dass er das Dreifache der empfohlenen Menge in die Dusche gesprüht habe, die jetzt strahle wie ein Spiegel. »Und mit dem Rest habe ich das Rad eingesprüht«, tönt er. Wirklich verblüffend, Brägels Velo glänzt wie eine Speckschwarte. Allerdings lösen sich das Lenkerband und die Zughüllen auf. »Biffbaff ist der Hammer«, schwärmt Brägel. »Das ist brachiale Chemie«, kontert der Präsident, »ein Spritzer und zehn Millionen Liter Grundwasser sind auf hundert Jahre im Eimer.« Brägel kümmert derart grämliche Ökohuberei nicht, zumal Biffbaff auch stark blondierende Wirkung auf sein Haupthaar hat, seit er es als Shampoo benutzt. »Ein Mittel für alles«, schwärmt er, »nur trinken sollte man es besser nicht.«

Wenigstens das hat er gelernt. Überhaupt, Brägel wirkt recht zufrieden. Der Lapp hat nämlich festgestellt, dass er als hilfloser Mann auf Frauen wirkt. »Müsst ihr auch probieren«, sagt er. Was probieren? »Na, du gehst in einen großen Feinkostladen mit Selbstbedienung, stellst dich dumm (was heißt hier stellen?) und fragst eine Frau: »Entschuldigung, ich lebe alleine in einem großen Haus und würde heute Abend gerne ein wenig Edelfisch mit einer Flasche Schampus zu mir nehmen. Was muss ich für einen Champagner kaufen, und wie bereitet man Doraden zu?« Brägel macht eine Kunstpause. »Und?«, bellt der alte Hans. »Ganz einfach, heute Abend kocht Alina, und wenn es gut läuft bügelt sie auch noch meine Hemden«, doziert Brägel. »Und dann?«, lechzt der Präsident. »Nichts dann«, sagt Brägel, »der Hund ist ja auch noch da, und der petzt.« Ich bekomme einen Schreck. »Dertutnix ist bei dir? Was kriegt er denn zu fressen?«, frage ich besorgt. »Döner, Big Mac und ab und zu eine Karotte, warum?«, antwortet Brägel.

Höchste Zeit, dass Viola mit den Kindern wieder kommt. Höchste Zeit.

Büro, Büro

Das Angenehme mit dem Nützlichen zu verbinden, ist eine Kunst. Herr B. übt noch …

Die Idee kommt Brägel, als er wieder mal auf dem Weg zur Arbeit im Stau steht. Das passiert oft, weil Brägel durch eine Baustelle muss, die seit etwa 1979 besteht. Und so reiht er sich jeden Tag brav in die Schlange ein; um ihn herum viel Blech, in dem zu 99 Prozent nur ein Mensch sitzt und wahlweise böse schaut, Zeitung liest oder raucht (Frauen), beziehungsweise telefoniert und sich hingebungsvoll in der Nase bohrt (Männer). »Da dachte ich mir, im

Sommer nehme ich von jetzt an das Rad, sind ja nur knapp elf Kilometer einfach und die auch noch eben«, erzählt er am Stammtisch und beglückt uns gleich noch mit einer Rechnung: 22 Kilometer am Tag ergeben 110 Extra-Kilometer pro Arbeitswoche oder ungefähr 1320 Zusatzkilometer in drei Sommermonaten. »Nebenbei spare ich Sprit und Zeit«, sagt er, »und veredle auch noch meine Form.« So weit die Theorie, der man vernünftigerweise nicht widersprechen kann. Nur der alte Hans knurrt: »Die Rollerkilometer bringen formmäßig gar nichts, außer dass du den ganzen Tag im Büro stinkst wie ein Bock.« Brägel lächelt nur und erzählt etwas von einem Deo, das tagelang frisch hält, wenn man es nur anschaut. Dafür kostet es so viel wie waffenfähiges Uran.

Für das Projekt hat sich der Meister an seinen alten Gios-Renner mit Siebenfach-Rahmenschaltung normale Pedale schrauben lassen. Das ist ein gewaltiger Stilbruch, der durch Crossreifen und Steckschutzbleche noch verstärkt wird. Fehlen noch Gepäckträger, Ständer und Licht zum Vereinsausschluss. Dazu hat er noch eine gewaltige Schließkette gekauft. Das ist wiederum vernünftig, obwohl kaum jemand eine optisch derart verhunzte Möhre klauen würde. Aber man weiß ja nie. Brägel wäre nicht Brägel, wenn er die Tücken des Projekts nicht voll ausleben würde. Am Anfang ging es relativ gut, bis auf ein kleines Techtelmechtel mit einem Autofahrer, der Brägel angeblich mit zu wenig Seitenabstand überholt hat. Der Lapp stellte den Automobilisten an der nächsten Ampel und sagte ihm einige Worte, die jeder Radfahrer kennt, und die man hier deshalb nicht explizit auflisten muss. Der Autofahrer zeigte sich uneinsichtig und körperlich überlegen. Seither fährt Brägel lieber auf dem Feldweg.

Aber auch abseits der Hauptverkehrsstraße verlangt geschäftiges Radeln eiserne Disziplin. »Du musst so fahren, dass dein Puls nicht über 90 steigt«, erklärt er, »sonst fängst du an zu schwitzen.« Puls 90 bei Brägel bedeutet zwischen neun und elf km/h, und da kommen uns leise Zweifel, ob er die technischen Fähigkeiten dazu hat. »Da fällt man ja um«, höhnt der Präsident, »außerdem, wie sieht denn das aus, 'ne Schleichfahrt auf dem Renner.« Brägel ist das egal, angeblich lässt er sich sogar von Hausfrauen auf Inline-Skates überholen, ohne die Nerven zu verlieren. Das glauben wir ihm ebenso wenig wie seine Aussage, er würde auch bei größter Hitze nicht schwitzen. Und wenn doch, nur ganz wenig, und dafür hätte er ja noch das Deo und zur Not ein frisches Hemd im Rucksack.

Aber das half ihm vor zwei Tagen auch nicht viel. Auf dem Weg zur Arbeit fuhr Brägel platt. Eigentlich kein Problem, aber dummerweise war die Panne am Hinterrad und Brägel fehlt die Technik, um ein Rad auszubauen, ohne dabei ganz schwarze Finger zu bekommen. Gezwungenermaßen ignorierte er die Schmiere an den Händen und wechselte den Schlauch. Leider hatte er seine Pumpe vergessen und musste etwa zwanzig Minuten warten, ehe er sich einem arglos vorbeikommenden Radler in den Weg werfen konnte. Der hatte tatsächlich eine Pumpe, allerdings nur für dicke Ventile. Brägel musste noch einmal zehn Minuten warten, ehe ihn ein Rennradler erlöste. Danach ging aber nichts mehr mit Puls 90. Im Büro angekommen, zierten ihn Schweißflecken bis zum Hosenbund und eine schwarze Stirn, weil er sich den Schweiß mit seinen Ölfingern abgewischt hatte. Zudem empfing ihn ein angesäuerter Chef, der etwas von einer halben Stunde zu spät und einer wichtigen Besprechung mit Geschäftspartnern sagte, die schon da seien. Brägel habe jetzt genau fünf Minuten, sich in Form zu bringen. Es gelang gerade so, allerdings passte sein fliederfarbenes Ersatzhemd nur ungefähr zu Hose (rot, warum auch immer) und Jackett (schwarz).

Bevor er in die Besprechung eilte, hatte er noch versucht, seine schwarzen Fingernägel mit der Spülbürste aus der Kaffeeküche zu reinigen, was ihm einen Rüffel der Sekretärin eintrug. Vollends peinlich wird es im Konferenzraum. Der Chef räuspert sich bei der

Vorstellung, bis er fast lila ist im Gesicht bevor Brägel merkt, dass er noch eine Wäscheklammer am rechten Hosenbein trägt. Am Ende entgeht er seiner Entlassung nur, weil er der Sekretärin neben einer neuen Bürste noch eine Flasche Sekt mitbringt, und weil die Gäste seinem Chef versichern, dass für sie sportbegeisterte Mitarbeiter ein gutes Zeichen einer gesunden Firma seien.

»Und jetzt«, frage ich »doch wieder mit dem Auto?« Brägel lächelt. »Aber nein«, sagt er, »ich genieße die frische Luft und dass ich nie mehr im Stau stehen muss.« Nur mit den Extrakilometern werde es leider nichts mehr. Brägel führt uns ins Freie und präsentiert stolz seine neueste Errungenschaft. Vor dem Clubhaus parkt eine Vespa.

Selbstversuch

Doping ist, keine Frage, allerstrengstens zu verurteilen. Wobei man ja doch mal gerne wissen möchte, ob's was bringt …

Aus gegebenem Anlass müssen wir erst einmal darauf hinweisen, dass dieser Radschlag in weiten Teilen leider äußerst unappetitlich ausgefallen ist. Menschen mit vorhandenem Schamgefühl sollten also an dieser Stelle aussteigen und auf das nächste Heft warten. Danke.

Sie sind noch da? Also gut, Sie ahnen es, es geht um Doping. Und natürlich geht es auch um Brägel, der ja bekanntlich jeden Mist ausprobiert, wenn er sich auch nur den allergeringsten Vorteil davon verspricht. Im Moment ist er aber froh, wenn er einigermaßen schmerzfrei laufen kann, weil er die Sache mit dem Hodenpflaster natürlich völlig falsch verstanden hat (Sie können auch jetzt noch weiterblättern).

Nicht – also gut, das war so. Wir im Radclub sind nach den furchtbaren Enthüllungen der Tour de France natürlich in eine Sinnkrise gefallen. Wir haben das Training reduziert und den Hefe-hell-Konsum zur Frustbewältigung intensiviert. Nur Brägel verschlang alles, was er über die Affäre Landis in die Finger bekam. Danach ging er in die Apotheke, kaufte sich Pflaster und umwickelte ohne vor-

herige Rasur (ich hatte Sie gewarnt) besagtes Teil und, damit es noch mehr peppt, auch noch angrenzende Regionen, wobei jetzt nicht ins Detail gegangen wird. Die Pflasterrolle enthielt allerdings kein Testosteron, dafür sehr viel, sehr hartnäckigen Kleber. Brägel lief auch noch dauernd mit Nasenpflaster herum, was sich als doppeltes Missverständnis herausstellte.
Es kam, wie es kommen musste – nach einigen Tagen wurde der Lapp von Juckreiz geplagt und von Fliegen umsurrt (ich weiß, ich weiß, aber Sie lesen ja auch einfach weiter), sodass er zur Entfernung der Pflaster schritt. Nach einem halben Millimeter wurde ihm schlagartig klar, dass er einen großen Fehler begangen hatte. Aber statt zum Arzt zu gehen, riss er die ganze Chose mit einem Ruck

ab. Seine Nachbarn schwören heute noch, dass an diesem Tag bei Brägel eine illegale Hausschlachtung irgendeines riesigen Tieres stattgefunden haben muss, aber es war nur Brägel, der mit blutenden Geschlechtsmerkmalen eine Art rituellen Tanz aufführte und brüllte wie Bruno der Bär. Dass er heute nicht geschieden ist, verdankt der Lapp nur der Tatsache, dass seine Gattin Viola für drei Tage mit den Kindern im Kurzurlaub war. Brägel überlebte wie durch ein Wunder unverstümmelt, musste aber vorzeitig die Saison beenden.

Am Stammtisch gibt er sich geläutert. Jede Art von Doping sei für ihn künftig kein Thema mehr, sagt er. »Ist auch besser, sonst kannst du demnächst bei den Frauen mitfahren«, höhnt der alte Hans. Es bleibt aber die Frage: Warum machen Männer so einen Mist? Brägel erklärt, er habe mit dem Testosteron nur das Altern ein wenig verlangsamen wollen, schließlich sei Nachlassen das Allerschlimmste. Mal ganz abgesehen davon, dass er dann locker 20 Jahre zu spät damit angefangen hat, riskiert man doch dafür nicht seine Gesundheit. »Doch«, sagt der Präsident, »ich verstehe das, es ist einfach superscharf, wenn man am Berg noch einen Gang härter drauf hat.« Alle nicken, und auch Brägel rutscht ein wenig verlegen auf seinem Kissen herum, auf das er sich zur Schmerzlinderung gesetzt hat.

Gott behüte, lauter Irre. An diesem Abend beschließt der Radclub den Selbstversuch im großen Stil. Einmal Allmacht – dann soll es gut sein. Der alte Hans wird beauftragt, seine Internetkontakte zu nutzen, um die echten Hodenpflaster zu besorgen. Alle wollen mitmachen, nur Brägel muss verzichten, da bei ihm so schnell kein Pflaster mehr hält, nicht mal auf der Nase. Der alte Hans leistet dagegen ganze Arbeit und eine Woche später soll der Versuch beginnen, wobei die Mitglieder zuerst einmal ganz alleine zu Hause mit verschiedenen Enthaarungstechniken (Sie wollten es ja unbedingt lesen) die Teile vorbereiten sollen, auf die die Pflaster kommen. Dabei schied der Präsident für den Versuch leider aus, weil er sich eine tiefe Schnittwunde zufügte. Der Rest gibt dem alten Hans einen ordentlichen Betrag und schreitet dann zur Tat. Und danach aufs Rad zur Trainingsrunde. Hinterher prosten wir uns glücklich zu. Sensationelle Wirkung, wir waren auf den 65 Kilometern glatte 23 Sekunden schneller als sonst und das mit nur einem Pflaster. Insgesamt haben wir jeder sechs.

Zwei Tage später treffen wir uns wieder und gewinnen weitere 13 Sekunden dazu. Supersupi, dummerweise wachsen dem alten Hans büschelweise Haare aus der Nase und den Ohren, einer klagt über Pickel, ein anderer über unruhigen Schlaf. Keiner sagt allerdings was dazu, ob seiner Frau zu Hause etwas aufgefallen ist, aber das wäre ein ganz anderes Thema. Bei mir schiebt sich im übrigen das Kinn so seltsam nach vorne. Schau an, der Schumacher, denke ich, auch so ein Schummler. Am Ende der Testwoche haben wir gut eine Minute gewonnen, den Schnitt von 26,21 auf 26,34 gesteigert. SENSATIONELL. Ernüchternd ist allerdings der Fakt, dass gedopt die gleichen vorne sind wie ungedopt. Aber, mein Gott, wir sind schneller! Allerdings berichtet plötzlich einer, dass ihm das Pflaster gestern ganz leicht abgegangen sei und er befürchtet, nun ja (Sie hören ja nicht auf zu lesen), dass da etwas kleiner geworden sei. Ehrlich gesagt, geht mir das ähnlich, ich schiebe es allerdings auf die herbstliche Kühle. Denkste. Der alte Hans, der Fach-Doper, räumt schließlich leise ein, dass bei äußerlicher Zugabe von Testosteron die interne Produktion gedrosselt wird. »Und was heißt das konkret?«, frage ich ärgerlich. »Schrumpfhoden«, nuschelt der alte Hans. Betroffenes Schweigen, nur Brägel und der Präsident lächeln selig.

Fünf Minuten später ist klar, dass der Radclub bis ans Ende der Zeitrechnung für sauberen, dopingfreien Sport stehen wird. Ab sofort keine Manipulationen mehr, nur noch Müsli, Training, Disziplin. Und Pflaster gibt es nur zur Wundversorgung nach Stürzen. Das ist sicher.

Schönheitsfehler

Kann man in einem Wellness-Hotel Radurlaub machen? Brägel hat's ausprobiert

Eigentlich wollte Brägel nur eine Woche ausspannen und ganz viel Rad fahren. Eigentlich hat er dazu auch fast alles richtig gemacht, nur in der Wahl seiner Hospitality (früher Hotel) ist ihm leider ein Fehler passiert. Da Brägel bekanntlich finanziell ganz gut da steht, hat er seiner Gattin und sich eine Woche in einem ganz, ganz tollen Wellness-and-Beauty-Tempel (früher Hotel) auf den Kanaren spendiert. First-Class-Saisonausklang sozusagen. Die »Oase des Lichts« (früher: Hotel Sun and Fun) lockte im Prospekt mit einem gut bestückten Radkeller und sonstigen Dingen. Kaum ist Brägel angekommen, nähert sich ein jovial lächelnder Herr, der sich als Don Alfredo vorstellt und ihm eine Art Telefonbuch in die Hand drückt. Dies sei der Beautyprospekt des Hauses, ölt er. Brägel nuschelt »gracias« und macht sich weiter auf die Suche nach dem Radkeller. Der Weg ist ziemlich lang und führt durch gewundene Gänge, von denen wiederum weitere Flure in verschiedene Trakte des weit verzweigten Gebäudes führen. Der Hauptgang ist gelb-orange gehalten, aus verdeckten Lautsprechern träufeln Sitarklänge, an den Wänden hängen Bilder von Frauen in Bademänteln, die eine Tonne Creme im Gesicht haben, aber trotzdem lächeln. Brägel kommt an einer offenen Tür vorbei. Sein Blick fällt auf einen

Mann, der von zwei stämmigen, weiß gekleideten Damen auf einer Liege festgehalten wird, während eine dritte mit einer riesigen Feile seine Fußnägel bearbeitet. Der Mann gibt klägliche Laute von sich, Brägel geht schneller und erreicht schließlich den Radraum, der ganz am Ende des Gebäude-Traktes liegt.
Viola kommt kurz danach, auch sie hat ein dickes Beautybuch in der Hand. An der Wand hängen neun ziemlich abgewrackte Renner. Brägel hatte für sich per Mail aus Deutschland einen 60er-Carbonrahmen mit Zehnfach-Campa geordert, für Viola einen 52er, ebenfalls mit Zehnfach. Sie bekommen mit dem Ausdruck des Bedauerns zwei 54er-Stahlrahmen mit einer alten Achtfach-Schaltung und vorne noch 42x54. Die Möhren sind in einem erbarmungswürdigen Zustand. Brägel ruft zornig nach dem Chef. Zwei Minuten später erscheint Don Alfredo und erklärt, dass bedauerlicherweise eine kurzfristig zum Training angereiste Sportgruppe die guten Stücke mitgenommen hätte. Brägel will wissen, wie viele Räder das Hotel denn habe und erhält zur Auskunft: 20. Im Prospekt standen 200. Das sei leider ein Druckfehler, ölt Alfredo, aber sie könnten ja heute Nachmittag statt radeln ein wenig Beauty genießen. Brägel lehnt ab, Viola nuschelt was von »warum denn nicht«, dann schnappt sie sich aber doch ein Rad, allerdings stopft sie den Beautywälzer in den Rucksack.
Nach zehn Kilometern über eine Art Autobahn mit wütend hupenden Autofahrern bekommt Brägel Kreuzschmerzen, weil er zwar den Sattel bis zum Anschlag herausfahren konnte, nicht aber den Lenker. Viola klagt wegen des zu hohen Rahmens über Sitzbeschwerden. Sie kehren um, auch weil von den »ruhigen, verkehrsarmen Straßen in einer faszinierenden Landschaft« nichts zu sehen ist.
Beim Abendessen schleicht Don Alfredo an den Tisch, macht einen Diener fast bis zum Boden und erklärt, dass leider auch morgen die bestellten Räder noch nicht zu kriegen seien. Brägel kocht,

akzeptiert aber schließlich, dass Viola dafür in die Beauty-Kaserne darf, und das mit einem Preisnachlass von 15 Prozent. Sie hat sich auch schon im Telefonbuch diverse Anwendungen ausgeguckt, Brägel hört Worte wie »Revital«, »Peeling« oder »Bionomische Transzendenz« und bestellt sich ein Bier. »Und du«, sagt Viola, »du gehst zur Rücken-und Brustenthaarung.« Brägel ist entsetzt. »Ich habe gar keine Haare auf dem Rücken«, jault er, aber Viola bleibt hart. »Dann eben nur vorne, um neun Uhr wartet Signorina Bella auf dich in Raum 4125 im Ostflügel.« Brägel denkt, dass er lieber mit dem 54er-Schinder über staubige Autobahnen wackeln würde, gibt aber nach, weil es eh nichts nützen würde.

Signorina Bella spricht mit osteuropäischem Akzent, wiegt etwa 100 Kilo und wirft Brägelchen locker auf die Liege. Danach träufelt

sie eine Flüssigkeit auf seine Brust, die seine paar Haare zischend, rauchend und stinkend auflöst. Brägel sieht aus wie ein tiefgekühltes Supermarkt-Hähnchen, die Dicke rät zu einer kosmetischen Nachbehandlung mit dem Öl von zerquetschten Kanarienvögeln (behauptet Brägel hinterher), aber er flüchtet, als sie ihm kurz den Rücken zudreht. Im Zimmer trifft er Viola, die ein Handtuch um den Kopf trägt und eine Tonne Creme im Gesicht hat. Das Ganze müsse noch eine Stunde wirken, sagt sie, dann sehe sie aus wie Nicole Kidman.

Als die Creme weg ist, fragt sich Brägel, ob Nicole Kidman vielleicht nach einem schweren Unfall so aussehen könnte. Violas Gesicht ähnelt in Farbe und Pusteln Brägels Brust, obwohl sie sich auch das Öl aus zerquetschten Singvögeln gegönnt hat.

Brägel lässt die Gattin alleine und legt sich im Radkeller auf die Lauer. Aber bis zum Einbruch der Dunkelheit ist nichts zu sehen. Don Alfredo erklärt zerknirscht, dass sich die Profis zu einer Inselumrundung aufgemacht hätten und erst in vier Tagen wieder da seien. Leider. Brägel will ihm eine langen, aber beim Ausholen fährt ein stechender Schmerz durch seine wunde Brust, und er setzt sich wieder.

Nun ja, der Rest ist schnell erzählt. Brägel hat am dritten Tag einen Radverleih gefunden, der ganz ordentliches Material hatte. Er fuhr allerdings alleine, weil sich Viola gänzlich dem Beautyterror hingab, was trotz 15 Prozent Rabatt noch mal 800 Euro ausmachte. Am Ende der Woche hatte auch Brägel nur 250 Kilometer auf dem Tacho, weil die nackte Brust unangenehm unterm Trikot scheuerte.

Mittlerweile sind sie wieder daheim, und Brägel ist geläutert. Künftig will er wieder bewährte Reiseziele ansteuern und auf keinen Fall eine Unterkunft buchen, die mehr anbietet als Massage und Sauna.

Zahl-Tag

Und? Wieviel?
Unter Radsportlern weiß jeder,
worauf diese Frage am Jahresende abzielt.
Brägel auch. Und er ist vorbereitet …

»Na dann Jungs, Hosen runter.« Unser Präsident ist ausnehmend gut gelaunt. Das liegt natürlich an den geistigen Getränken bei der Weihnachtsfeier, aber auch daran, dass heute wieder der Abend der Wahrheit sein soll. Es ist bei uns im Verein so Sitte, dass bei der Weihnachtsfeier und damit auch zum Start der neuen Saison die

Kilometerleistung jedes einzelnen im zurückliegenden Jahr dokumentiert und verglichen wird. Diese an sich simple Zahl ist bei radelnden Männern der Indikator schlechthin fürs Selbstwertgefühl. Wer weniger als 2000 Kilometer aufzuweisen hat, muss den Rest des Abends mit einem T-Shirt am Tisch sitzen, auf dem »Milchbubi« steht. Dieses Ritual wurde auch nach der Gründung des Team Milram nicht geändert. Bei weniger als 2500 Kilometern darf man nicht am Tisch der Honoratioren Platz nehmen, bis 5000 reicht die Mittelschicht, und ab 5001 Kilometer gehört man in den Club der »Sattelgötter«, die sich durch ein eigenes T-Shirt abheben.

»Also, Männer«, ölt der Präsi noch einmal, »her mit den Tachos.« Dann liegen die kleinen Plastikdinger auf dem Tisch, auf jedem klebt ein Pflaster mit dem Namen des Besitzers. Als Erster ist der alte Hans dran. »5001«, verkündet der Präsident, was natürlich ein ziemliches Hallo auslöst. »Reset-Trickser«, zischt Brägel, »da hast du doch dran gedreht.« Der alte Hans bekommt einen roten Kopf, verweist auf die Tatsache, dass er ein Mann der Ehre sei und deshalb gestern bei acht Grad und Nieselregen noch 78 Kilometer gemacht habe, um, wie jedes Jahr seit 1981, zu den Sattelgöttern zu gehören. Da es mit der Ehre so eine Sache ist, glaubt ihm nicht jeder, aber er bekommt trotzdem sein T-Shirt und ein klein wenig Applaus. Der Präsi entschuldigt seine 3622 Kilometerchen mit der Fußball-WM, die ihn im Juni vom Training abgehalten habe. Trotzdem Applaus, die Zahl klingt ehrlich und bleibt für den Chef ohne Folgen, da er als Präsident praktisch Sattelgott von Amts wegen ist. Dann kommt Brägel dran. Der Präsident nimmt feierlich dessen Computer (natürlich so ein Teil, das alles misst, einschließlich Kalorien, Schuhgröße und Mondphasen seit Christi Geburt), stutzt ein wenig und sagt leise: »Siebentausendachthundertneunzehn«.

Brägel strahlt zufrieden, der Rest murrt, ich denke: ABSOLUT UNMÖGLICH. NEVER! »So lange ist es doch gar nicht hell«, ätzt der alte Hans, »das schaffst du doch nicht einmal in zwei Jahren.« Brägel spielt den Entsetzten und erklärt, wie er seine Leistung von 2005 praktisch verdoppelt haben will. Er habe verschiedene Räder, den Tacho immer umgestöpselt und alles mitgezählt. Einfach alles, also auch Gassi-Fahrten mit dem Hund (30 Kilometer pro Woche), zur Arbeit (40 pro Woche), zum Bäcker, ins Freibad, in den Biergarten, zum Briefkasten. »Und jetzt her mit dem T-Shirt«, bellt er. Danach sind wir mittendrin in einer Diskussion, was denn nun als realer Radkilometer gezählt werden darf und was nicht. Bis auf Brägel sind alle der Meinung, dass Rennradfahren erst dann beginnt, wenn man in ordentlichem Dress, mit Radschuhen an den Füßen und Helm auf dem Kopf, zum Zwecke der Körperertüchtigung losfährt und dabei der Puls über 120 und der Schnitt nicht unter 21 geht. Kürzere Strecken als 20 Kilometer seien für die Sattelgott-Auswahl nicht relevant, weil das die Untergrenze dessen markiere, was man als Training bezeichnen könne. Wenn überhaupt. Brägel lässt das alles nicht gelten. Zum Training gehöre auch die Regeneration, und wenn er die mit lockeren Alltagsfahrten im Sattel erledige, sei das legitim. Wir erklären ihm, dass 7819 Jahreskilometer Klubrekord wären, dass er damit einen Platz in der Ehrenskala einnehmen würde, der ihm nicht gebührt, und dass 7819 trotz Gassi-Fahrten immer noch eine unrealistisch hohe Zahl sei. Brägel wird etwas defensiv und räumt ein, dass er auch einige Kilometer programmiert habe, wenn er auf dem Hometrainer geübt hat – pro halbe Stunde 25. »Das wäre ein 50er-Schnitt, du Lapp«, grantelt der Präsi, »das kann nicht sein.« Wir reduzieren seine Leistung auf 7200 Kilometer, damit ist er wenigstens nicht mehr Rekordhalter. Zwei Bier später gesteht Brägel, ein paar Kilometer stammten zudem aus so genannten »gedachten Fahrten«. Das sei eine, erklärt er, die er nicht real, aber sehr wohl im Geiste gefahren sei. »Betrüger!«, schreit der alte Hans, und wir reduzieren auf 6000. Wahrscheinlich hätten wir ihn auch noch unter die 5000er-Grenze

gebracht, aber dann wäre wohl seine Rolle als Mäzen gefährdet gewesen, und schließlich bezahlt er die dämlichen T-Shirts.
Wir beschließen, eine Kommission zu gründen, die klare Kriterien für die Jahreskilometerleistung 2007 erarbeiten soll. Am Nachbartisch feixt die Frauengruppe über die dämlichen Männer. »Ihr müsst immer alles messen«, ruft es zu uns rüber. Die Damen lachen ziemlich dreckig. Natürlich müssen wir das, wie, bitte, soll man sich steigern, wenn man nicht weiß, was man steigern soll? »Locker bleiben«, tönen die Frauen, »einfach mal so fahren, zum Spaß.« Bewahre, so weit wird es nicht kommen. Ich lasse mich freiwillig in die Kommission wählen und werde mir morgen noch ein paar Tachos besorgen. Für das alte Dreigangrad (Fahrt in die Kneipe) und fürs Mountainbike (Waldtouren im Januar). Ab jetzt zählt alles. 2007 will ich auch so ein T-Shirt.

Lebensgefährten

Brägel ist ernsthaft angeschlagen und sucht Kumpels, die Mitleid mit ihm haben

Neulich, nach der Trainingsrunde, hat Brägel ganz traurig aus der Wäsche geguckt. Das Knie tue ihm weh beim Treten, und danach würde es auch immer ganz warm. Dass Brägel jammert, ist im Prinzip nichts Neues. Der Lapp leidet seit Jahrzehnten an rätselhaften Krankheiten oder Blessuren mit unaussprechlichen Namen, aber diesmal scheint es tatsächlich ernst zu sein. Sein rechtes Knie, das er dem Stammtisch theatralisch unter die Nase hält, ist leicht rot und ein wenig geschwollen. Der alte Hans erzählt auch gleich etwas von Versehrtenrädern, die es nach dem Krieg für Beinamputierte gegeben habe und an die er sich noch dunkel erinnern könne. »Die hatten nur ein Pedal und auf der anderen Seite ein Auflageblech für die steife Prothese«, berichtet er, was Brägels Laune nicht gerade hebt. Wir raten vor der Amputation erst zu einem Arztbesuch, zumal Brägel als Hypochonder sowieso jede Woche einen Spezialisten mit diversen Endstadiums-Symptomen belästigt. Da darf es auch einmal ein Orthopäde sein, zumal das Knie wirklich dick ist. Eine Woche später ist Brägel völlig am Ende. Zerknirscht berichtet er von einem ausgefransten Meniskus, von Knorpellöchern und Schleimbeutelfalten – kurzum von einem veritablen Schaden, der dringend operiert werden müsse. Und zwar sofort.

»Mach dir nicht ins Hemd, Alter«, tröstet der Präsident, »das ist heute alles kein Problem mehr, so was reparieren die in der Sportklinik doch jeden Tag zehnmal.« Brägel ist aber nicht aufzuheitern.
Man kann es ja verstehen – gerade jetzt, kurz bevor es auf der Straße wieder losgeht. Und dann auch noch das Knie. »Ist doch super für dich«, ätzt der alte Hans, »jetzt hast für den Rest des Jahres endlich eine Ausrede, die stimmt.« Wir lachen alle ganz herzlich, aber Brägel ist ganz weiß um die Nase. »Es geht nicht um den Eingriff«, greint er, »aber ich habe solche Angst vor der Narkose.«
Und dann erzählt er, dass er jetzt schon ganz unruhig ist, weil er davon ausgeht, dass sie ihn mit einer einzigen Spritze einschläfern wie einen altersschwachen Hund. »Und wenn ich die Narkose doch überlebe, dann kommt so ein verrückter Pfleger und meint, mich von meinem Leiden erlösen zu müssen. Liest man doch jeden Tag.« Wir lachen wieder, aber wenn man es genau überlegt, wären wir wahrscheinlich nicht anders drauf. Es ist gegen die männliche Natur, Vertrauen zu haben in einen vermummten Mann mit Spritze, der sagt: »Ich stell' Sie jetzt mal ein, zwei Stunden ab.« Und natürlich kennt auch der alte Hans wieder einen, der einen kennt, dessen Onkel man vor acht Jahren narkotisiert habe und der immer noch nicht wach sei.
Brägel wird immer kleiner. Aber da der Radclub ein Ort sozialer Nähe ist, beschließen wir, Brägel Sterbebegleitung – Verzeihung: Operationsbegleitung anzubieten. Wir gehen einfach mit. Brägel ist gerührt und bestellt eine Runde.
Drei Tage später stehen wir zur fünft in der Aufnahme der Sportklinik. Eine Frau mit dem Gemüt eines Bullterriers erklärt uns, dass wir unmöglich alle übernachten könnten, und dass dies überhaupt nur bei Kindern üblich sei. »Haben Sie keine Frau?«, fragt sie Brägel. »Doch«, weint der, »aber die hat keine Ahnung von männlichen Nöten.« Der Bullterrier schaut fassungslos und gestattet einem von uns, den folgenden Untersuchungen beizuwohnen. Natürlich

muss ich das machen. »Aber um 22 Uhr sind Sie hier weg«, herrscht Bulli.
Brägel schleicht sichtlich gedrückt in sein Zimmer. Kurz danach erscheint ein junger Mann, der Anästhesist. Er erklärt Brägel, dass bei einer Narkose alles Mögliche passieren kann, bis hin zum Tod. Dabei lächelt er und fordert eine Unterschrift. Brägel sagt, dass er Schiss vor dem Zwangsschlaf habe, worauf der junge Mann ihm eine Rückenmarksnarkose anbietet, bei der in seltenen Fällen die Hirnflüssigkeit auslaufen könne. Ich denke zwar, dass dies bei Brägel das geringere Risiko wäre, er will aber dann trotzdem lieber schlafen und unterschreibt. Danach kommt der Chirurg, ein Mann mit Händen wie Bratpfannen, der erst ein wenig an Brägels Knie

herumdrückt, und ihn beruhigt, nur um ihn dann noch mehr zu entsetzen. »Nun ja«, sagt er, »es gibt natürlich ein Infektionsrisiko, sehr selten, aber wenn – tja, das kann bis zur Amputation gehen, rein theoretisch natürlich.« Auch er will eine Unterschrift und fragt, wen er im Falle einer Komplikation informieren solle? Brägel stammelt »Viola« und die Telefonnummer, unterschreibt und sieht aus wie Sean Penn in »Dead Man Walking« auf dem Weg in die Todeszelle. Der Arzt malt noch mit einem schwarzen Filzstift einen großen Pfeil auf Brägels rechten Oberschenkel (»Damit wir nicht das falsche Knie operieren, haha«) und rauscht aus dem Zimmer.

Ich versuche ihn aufzuheitern, aber da ist nix zu machen. Brägel ist sicher, dass er nie wieder im Leben auf einem Rad sitzen wird. »Und nicht mal 'ne Henkersmahlzeit krieg ich«, nölt er. Um 19 Uhr kommt Viola, ich darf endlich gehen. Brägel drückt mir ganz lasch die Hand und bittet, ihm ein ehrendes Andenken zu bewahren. Ich nicke ergriffen, Viola rollt nur mit den Augen. Manchmal ist es wirklich besser, eine vernunftbegabte Frau zu sein, denke ich und haste aus der Klinik. Das Letzte, was ich höre, ist Violas: »Mein Gott, Männe, stell dich doch nicht so an …« Jetzt erst einmal ein Hefe hell. Männer und Krankenhaus – nein, das geht wirklich nicht.

P.S.: Brägel hat überlebt. Eine Woche später sitzt er schon wieder auf der Rolle und klopft Sprüche. Den Tag vor der Operation hat er nie wieder erwähnt.

Ultralang

Brägel hat Ausdauer wie nie – und gibt sein Geheimnis gerne weiter

Das neue Jahr hat im Prinzip gut angefangen. Dank des milden Wetters sind wir mehr gefahren als sonst, Brägel war ein paar Tage im Skiurlaub und konnte nicht nerven, die neue Mehrwertsteuer haben wir auch ausgehalten. Dann kam der Lapp zurück und verkündete wieder eine ganz neue Erkenntnis. Unsere Trainingsrunden zwischen 45 und 75 Kilometern seien ein Witz, 2007 sei das Jahr der Langdistanz. Wir wundern uns – schließlich hat Brägel ja gerade erst mit Müh' und Not eine Knieoperation überlebt. Aber jetzt will er es wissen. »In zwei Wochen«, verkündet er, »müssen 300 Kilometer her.«

300 Kilometer in zwei Wochen, warum nicht. Aber Brägel meint am Stück. »Tickst du noch richtig?«, nölt der alte Hans, »Ende Februar ist es vielleicht elf Stunden hell, das bedeutet 'nen 27er-Schnitt, den schaffst du doch nicht mal über zwei Stunden.« Aber Brägel lächelt nur. Er will morgens um fünf Uhr starten, peilt einen Schnitt von 21,43 km/h an und wäre mit dem letzten Büchsenlicht um 19 Uhr am Ziel. Dafür hat er sich eine flache 25-Kilometer-Runde ausgeguckt, die er zwölfmal umrunden will. »Ihr könnt ja kneifen, ihr Weicheier, ich mach's auf jeden Fall.« Der Präsident weist den Ausdruck »Weichei« zurück, will aber nicht mitmachen.

Die anderen haben ein angriffslustiges Blitzen in den Augen. Tenor: Wenn Brägel sich unbedingt lächerlich machen will – wir sind dabei.
Brägel nickt zufrieden, holt aus seinem Rucksack eine riesige, bunte Dose, verweigert ein weiteres Hefe hell, kippt sich stattdessen drei große Schaufeln Pulver aus der Dose in ein Glas Wasser und rührt ein eklig-sämiges Gebräu an, das er mit einem Schluck runterwürgt. »Doping?«, fragt der alte Hans. »Nein. Nahrungsergänzung aus den USA, ganz legal – Proteine, Vitamine, Mineralien, Spurenelemente, Öl aus Traubenkernen und Pollen der argentinischen Bergzeder – endlose Energie für alle Lebenslagen«, sülzt Brägel. Wir vertrauen weiter der anabolen Wirkung von Hefe und Schnitzel und gehen mit dem sicheren Gefühl heim, dass aus den 300 Kilometern maximal 150 werden.

Zwei Wochen später stehen wir sieben Mann hoch um kurz vor fünf bei Brägel vor der Tür. Brägel kommt in einem Trikot, auf dem groß »ULTRA LONG LIFE BIOBIOPOWER« steht und hat acht Bidons im gleichen Design dabei. Vier verstaut er am Rad, vier im Trikot. »Habt ihr alle einen Einlauf gemacht?«, fragt er. »Bitte was?«, krächzt der alte Hans. »Darmreinigung, ihr Pfeifen, damit die Nahrung voll verwertet werden kann«, erklärt Brägel. Wir schweigen verlegen und haben Mitleid mit der Familie, deren Oberhaupt sich lauwarmen Kamillentee in den Darm pumpt und dann … Aber lassen wir das.
Wir rollen los. Es macht tatsächlich Spaß. Das Gefühl, Kilometer zu sammeln, wenn die anderen noch schlafen, ist toll. Als es um sieben langsam hell wird, haben wir zwei Runden im 25er-Schnitt geschafft. Es rollt leicht, wir wechseln sauber durch. Eigentlich stört nur der Piepton, der alle 20 Minuten aus Brägels Trikot schallt, worauf er exakt 100 Milliliter aus einer seiner Flaschen trinkt. Nach 100 Kilometern erste Pause. Alle sind fit. Wir essen Bananen, Wurstbrötchen und trinken heißen Tee. Brägel nimmt nur eine Banane, einen Schluck aus einer blauen Flasche und drängt auf rasche Weiterfahrt. Das Loch kommt nach 150 Kilometern. Die Beine beginnen zu schmerzen, der Hintern tut weh, die Halsmuskulatur verspannt sich langsam – der erste steigt aus. Brägel wirkt locker, ruft: »Halbzeit Männer, alles klar?«, bekommt aber nur Grunzlaute zur Antwort.
Weitere zwei Runden später ist alle Euphorie weg. 200 Kilometer in achteinhalb Stunden – großartig, aber jetzt könnte es reichen. So weit fahren wir höchstens einmal im Jahr und zwar im Sommer. Ich bin bleiern müde, leer, die Oberschenkel brennen. Brägel gönnt uns eine Pause, Viola hat Spaghetti gekocht. Wir schlingen gierig, Brägel isst bedächtig und trinkt seine Schleimbrühe. Nach 20 Minuten stehen wir auf. Vier setzen sich gleich wieder – Schicht im Schenkel. Nur der alte Hans, Brägel und ich radeln weiter.

Höllenschmerzen im Hintern, weiche Beine, es geht nur noch das kleine Blatt. Brägel faselt was von Nährstoffblockade, Katalysationsdefizit und Übersäuerung. »Halt's Maul«, bellt der alte Hans, der nun wirklich alt aussieht. Nach zwei weiteren Runden kann er das 21er-Tempo nicht mehr halten. Er sagt »Pfft« und steigt mit steifen Beinen vor Brägels Haustür ab. Die Sonne steht tief, ich habe Hunger, Muskelschmerzen, Kopfweh, trete aber noch einmal drei Kilometer weiter. Dann ist gut. »Schluss jetzt«, rufe ich, »ich kann nicht mehr.«

Brägel lächelt so, dass ich ihm gerne eine reinhauen würde. »Ist ja auch kein Wunder, bei dem Müll, den ihr esst«, sagt er. Aber auch er hat genug. Wir fahren zurück. In Brägels Wohnung liegen die anderen stöhnend herum und kneten ihre Schenkel. Brägel wirkt locker und sagt: »Kommt mal mit.« Der Lapp führt uns in einen Kellerraum mit vielen Regalen, auf denen etwa eine Million Dosen von »ULTRA LONG LIFE BIOBIOPOWER« stehen. Rote Dosen, blaue, orange, gelbe, große und kleine. »Alles reine Natur«, sülzt Brägel, »und es wirkt.« Brägel stellt sich als District-Senior-Manager der Firma vor und verteilt Bestellzettel. Nach einer Stunde verlassen wir alle schwer bepackt das Haus. Jeder hat im Schnitt für 80 Euro Pulver gekauft, was etwa einen Monat reichen soll. Der alte Hans hat sogar eine Klistierpumpe in seiner Tasche.

Wir sind schwer beeindruckt. Am nächsten Stammtisch will Brägel einen Vortrag halten zum Thema: »Fit, schön und gesund von innen« und uns als Unterhändler für seine Pulver gewinnen. Schlagartig wird mir alles klar. »Schneeballsystem?«, raune ich ihm beim Hinaus gehen zu. »Klar«, sagt er, »aber du wirst sehen, es wirkt.« Ich will noch was sagen, bin aber zu müde. Erst mal nach Hause und einen »VITAL REACTIVE POWER DRINK«. Dann sehen wir weiter.

Seitenwechsel?

Angst vorm Arzt ist bekanntermaßen sehr männlich. Brägels neu erwachte medizinische Neugier bringt den Radclub deshalb auf eine ominöse Spur …

Woran sieht man, dass Männer älter werden? An Falten? Quatsch, die haben auch schon Jünglinge. Radfahrer besonders, weil sie immer das Gesicht so zusammenkneifen, wenn sie am Berg wieder mal Attacke drücken müssen. Es gibt aber zwei sichere Indikatoren: das dritte Kettenblatt vorne und regelmäßige Besuche beim Urologen. Brägel fährt schon länger Dreifach, weil es vernünftig sei, wie er sagt. Wir finden es eher peinlich und haben die Schamgrenze für den Club auf 39x28 festgelegt. Besuche beim Urologen mag es zwar geben, aber darüber spricht natürlich kein männlicher Mensch. Außer Brägel, der blumig von einer grauenhaften Untersuchung mit einem für ihn sensationellen Ergebnis berichtet. Wir wollen das eigentlich gar nicht so genau wissen, zumal durchgesickert ist, dass der Lapp zum Prostata-Check seinen Morgenurin auf drei Trinkflaschen verteilt mitgebracht haben soll, weil er wohl etwas falsch verstanden hat. Seither nimmt von Brägel keiner mehr einen Schluck aus dessen Pulle, auch wenn die Zunge schon zu einem Lederlappen verdorrt ist.

Irgendwie muss Brägel bei der seltsamen Untersuchung mit den unaussprechlichen Praktiken aber eine Art Erweckungserlebnis gehabt haben. Jedenfalls ist er seither ganz fasziniert von Arztbesuchen und nervt am Stammtisch mit seinen Geschichten. Wir vermuten eine schwere psychische Störung, weil Männer normalerweise erst dann zum Arzt gehen, wenn schon das Totenglöckchen leise klingelt. Am Stammtisch heißen unsere Themen stattdessen: Rad fahren, Radtechnik, Radrennen, Jan Ullrich und die DNA. Später geht es vielleicht noch um die durchaus propere Erscheinung der neuen Bedienung und nach dem dritten Hefe möglicher weise auch noch über den neuesten Tratsch aus der Stadt – aber doch nicht über Vorsorge-, Routine- oder sonstige Arztbesuche. Schließlich sind wir Radsportler und keine Bridge-Runde. »Hör doch auf mit dem Mist«, sagt der alte Hans zu Brägel, »du weißt doch, dass man nur lange genug zu Ärzten rennen muss, um wirklich krank zu sein.« Aber Brägel ist ganz hin und weg. Er hat jetzt auch ein Bonusheft seiner Krankenkasse und sammelt Punkte bei Yoga, Zahnvorsorge und Ernährungsberatung. Neulich kommt er abends zu spät zum Stammtisch, weil er noch einen Termin beim Kardiologen hatte. Wir diskutieren gerade Ullrichs Speichelprobe, aber Brägel hört überhaupt nicht zu und knallt ein Foto auf den Tisch, das sein Herz zeigen soll. Wir erkennen nur einen grauen Klumpen vor schwarzem Hintergrund und ein paar rote und blaue Pfeile, aber Brägel doziert, dass dies seine weiten, jungfräulichen Herzkranzgefäße seien. »Ich bin organisch fünf Jahre jünger und gefühlt mindestens zehn!«, jubelt er. »Dann setz dich doch an den Kindertisch«, ätzt der Präsident, aber Brägel hört gar nicht richtig zu. Die Gesundheit, ölt er, sei das höchste Gut und deshalb müsse man gelegentlich mal nachschauen lassen. Bewahre. Normale Männer gehen doch nicht zum Arzt, nur um mal »nachschauen« zu lassen. Das ist ein Ur-Reflex, Arztpraxen haben etwas zutiefst Bedrohliches, es gibt dort Spritzen, es riecht förmlich nach schlechten Nachrichten und Siechtum. Freiwillig? Nie. Nur Brägel, der morgen seine Leberwerte kontrollieren und in der kommenden Woche seinen Darm spiegeln lassen will. »Man braucht keinen Spiegel, um zu erkennen, dass du aussiehst wie ein Arsch«, sagt der alte Hans. Grölendes Gelächter.

Urologe, Darmspiegelung – als Brägel nach zwei Hefe hell wieder weg ist, schauen alle nachdenklich ins Bier, bis der Präsident plötzlich fragt, was uns offenbar alle beschäftigt. »Sagt mal, Männer, wenn sich einer ohne Grund und mit Begeisterung den Finger oder irgendwelche Gegenstände in den Hintern stecken lässt, was meint ihr, bedeutet das?« Es wird ganz still im Saal, keiner sagt ein Wort, aber das ist auch nicht nötig. Nein, das kann nicht sein, Supermacho Brägel doch nicht. Ich meine, wir sind ja tolerant, wäre ja auch nicht schlimm, soll es ja geben, aber wenn Brägel jetzt am Ende auf seine alten Tage … »Nein, nein, nein«, dröhnt plötzlich der alte Hans, »Brägel ist zwar ein Weichei, aber mehr auch nicht. Außerdem – wo ist der Spaßfaktor bei einem Herz-Utraschall?«

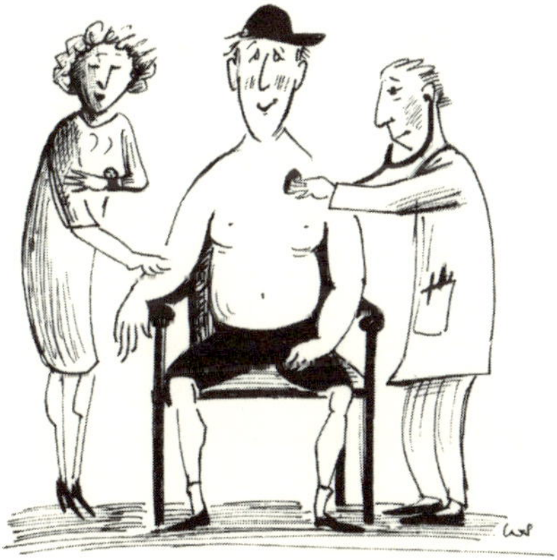

Das ist logisch, aber so richtig beruhigt sind wir nicht, zumal Brägel ja auch noch etwas von einem Testosteron-Status gefaselt hat, den er demnächst bestimmen lassen will. Die Sache ist verzwickt, Rad fahren, kein Zweifel, ist Männersport. So mit: »Lieber tot als Zweiter, Treten bis der Arzt kommt, Härte am Berg« und alldem. Wenn Brägel jetzt auf einmal ... das geht doch nicht. Wie wird das unter der Dusche oder im Doppelzimmer beim Männerausflug? Wir müssen der Sache auf den Grund gehen, wobei »wir« natürlich wieder »ich« heißt. Bei der nächsten Trainingsrunde suche ich, sagen wir mal, Anzeichen für die Theorie. Aber Brägel tritt wie immer: am Anfang ein wenig zu schnell, dann seifig, aber so richtig weich – kann man nicht sagen. Auch mit Gattin Viola scheint alles in Ordnung. Die holt ihn am Clubheim ab und der Präsi hat gesehen, dass er sie geküsst hat. Trotzdem: Zweifel bleiben, und bevor das Thema eskaliert, nehme ich Brägel beim nächsten Stammtisch zur Seite. »Sag mal, Alter, was soll denn der ganze Memmenmist. Darmspiegelung, Urologe und so?« Brägel lächelt. »Willst du es wirklich wissen?« Ich nicke, und dann erzählt der Lapp, dass ihm aufgefallen sei, dass Männer im besten Alter reihenweise tot umfallen oder in Windeseile von bösen Geschwüren hinweggerafft würden. Deshalb sei er ein wenig besorgt gewesen, habe dauernd in sich hineingehört und habe beim dritten Bier ein schlechtes Gewissen bekommen. »Aber jetzt«, sagt er, »habe ich alles checken lassen, auch wenn so eine Darmspiegelung grauenhaft ist. Doch jetzt weiß ich, dass ich absolut fit bin. Ich esse mit Genuss fettes Fleisch, trinke Alkohol und lasse mal ein Training sausen, ohne dass ich nachts nicht schlafen kann, wegen zu wenig Herztraining. Kapiert?«
Ja, ist eigentlich logisch. Vielleicht sollten wir anderen auch mal zum Doc. Aber eher zu einem für kranke Männerhirne.

Brägel rettet die Welt

Jeder kann etwas gegen den Klimawandel tun. Wirklich, jeder. Kommt nur darauf an, was …

Eine Zecke hat Brägel erwischt. An der Wade hat sie sich festgebissen, ehe er das Malheur bemerken konnte. Natürlich war Brägel sofort beim Arzt, weil er da als Hypochonder eh gerne hingeht. Der Doc hat die Zecke entfernt und ihn mit den Worten entlassen, dass da normalerweise nix passiert. Er solle halt beobachten, ob sich um die Stelle ein roter Kreis bildet. Seither verrenkt sich Brägel dreimal am Tag vor dem Spiegel und hat wahrscheinlich den ganzen Sommer eine Ausrede, wenn es bei ihm im Sattel nicht läuft. Grauenhafte Aussichten für uns, zumal der Lapp sein Missgeschick in weltweiten Zusammenhang stellt. Der Biss sei Folge der globalen Erwärmung: Früher seien um diese Zeit noch gar nicht so viele Zecken unterwegs gewesen, jammert er und findet, dass wir vom Radclub etwas zur Rettung der Welt tun sollten. »Oder wollt ihr, dass eure Enkel in einer Flutwelle ersaufen und Schnee nur noch aus alten Filmen kennen?«, fragt er. Dem alten Hans wäre das wurscht. Erstens ist er alt, zweitens hat er keine Kinder und drittens fährt er wegen diverser Meniskus-Blessuren nicht mehr Ski. »Und außerdem«, sagt er, »gab es früher schon warme Winter.« Er will gerade mit leuchtenden Augen vom Januar '56 erzählen, als ihm der Präsident ins Wort fällt: »Also, Brägel, was sollen wir tun?«

Natürlich hat der Lapp schon Pläne. Ein Auto pro Familie weg, hochbeinige Geländemühlen mit 200 PS nur noch für Förster, Wohntemperatur um zwei Grad senken und beim Radeln Synergieeffekte nutzen. Damit meint er aber nicht, dass wir alle abnehmen könnten, um am Berg weniger Treibhausgase auszuhecheln, sondern eine »sinnvolle Kombination von Hobby und Alltag«, wie er das nennt. Konkret: Rad fahren nicht nur zum Spaß, sondern verbunden mit einer Aufgabe, für die man sonst das Auto nehmen würde. »Also«, sagt er, »wir treffen uns am Samstag bei mir zum Training. Jeder bringt den Einkaufszettel fürs Wochenende und einen Rucksack mit, dann fahren wir nach der Runde noch in den

Supermarkt. Und dass mir ja keiner mit dem Rad im Auto zum Training kommt.«
So treffen sich bei Brägel zwölf Männer mit Pickeln am Rücken. Sorry, aber wir sehen grauenhaft aus. Den Präsident ziert ein rosarotes Kindergarten-Backpack mit lustigem Mauskopf, in das vielleicht zwei Yoghurt reinpassen, der alte Hans trägt ein abgewetztes Modell aus der Ära Luis Trenker, Brägel hat ein superleichtes Multifunktionsteil in Rahmenfarbe, dessen Herstellung allein die Weltmeere wahrscheinlich um einen Zentimeter ansteigen lassen wird. Nach 58 Kilometern rollen wir auf den Parkplatz des Supermarkts. Erstes Problem: Der Radständer reicht gerade für vier Räder. Nachdem wir unsere Maschinen daneben zu einem freistehenden Kunstwerk vertäut haben, hat natürlich keiner eine Euromünze für den Einkaufswagen. Die meisten wussten schlicht nicht, dass es so was gibt.
Schließlich klackern wir in unseren Radschuhen entengleich in Zweiergruppen zu einem der letzten Abenteuer der Menschheit. Wir sind ganz klar die Schau des Tages, die Mädels an der Kasse lachen ungeniert und zeigen mit Fingern auf uns, eine Frau sagt zu ihrem kleinen Balg: »Guck mal, so sehen Deppen aus.« Manche Kunden rümpfen auch die Nase, wenn wir in einer Duftwolke aus Wadenöl und Schweiß vorbeiklackern.
Ich gehe mit Brägel, der gleich in die Drogerieabteilung zieht, weil »Balsamico« auf seinem Zettel steht. Ich erkläre, dass Balsamico keine Fußcreme ist, er kauft dafür drei Tuben Enthaarungs-Mousse, was nicht auf der Liste zu finden ist, die ihm seine Frau Viola mitgegeben hat. In der Gemüseabteilung soll er drei rote Paprika kaufen, die er sogar gleich findet, einzeln abwiegt und mit je einem Kleber versieht. Beim Weitergehen leises Wimmern von rechts. Der Präsident sucht Schokomüsli und steht ratlos vor einem Regal mit etwa 164 Sorten. »Den Kilopreis vergleichen«, rät der alte Hans, der sich wie ein kleines Kind in den Wagen vom Präsi gesetzt hat, weil

er mit seinen alten Time-Platten nicht laufen kann. Da der Präsident aber seine Lesebrille nicht dabei hat, entscheidet er sich für einen Fünf-Kilo-Sack von Gut und Billig. Wahrscheinlich müssen das die nächsten Jahre seine Meerschweinchen fressen.
Brägel schaut derweil mit stierem Blick auf den Hintern einer Frau, die sich in ein Kühlregal beugt. »Was macht die da?«, flüstert er. Ich erkläre ihm, dass in Supermarktregalen vorne die alte und hinten die frische Ware steht und kann eine Katastrophe nur knapp verhindern, als der Lapp mit seinem neuen Wissen die unterste Dose aus einem Stapel Kochlinsen ziehen will. »Konserven«, erkläre ich, »halten jahrelang.« Mittlerweile begleitet uns ein Herr mit Knopf im Ohr – offenbar der Hausdetektiv. In den nächsten 20 Minuten lernt Brägel noch, dass acht Packungen Miracoli zum Preis von vier zwar günstig aber sinnlos sind, wenn sie keiner mag, und dass Durchsagen wie »Die Dreizehn bitte an die fünf« nichts mit den Lottozahlen zu tun haben.
Eklat schließlich an der Kasse. Von zwölf Mann haben fünf gar kein Geld dabei (»es hieß nur Rucksack und Liste«), und drei nur Kreditkarten, die außerhalb von Las Vegas oder Dubai wahrscheinlich niemand akzeptiert. Diese acht rufen ihre Frauen an, die dann mit Autos kommen. Auch der Präsi ruft nach einem Chauffeur, weil er zehn Kilo Mehl und 40 Paar Wienerwürstchen gekauft hat. »Supergünstig«, jubelt er. Leider bringt er nicht einmal das Müsli in den Kinderrucksack.
Wir anderen drei radeln mit schwerem Gepäck und dem Gefühl nach Hause, ein bisschen was zur Rettung der Welt getan zu haben. Aber es wird schwer werden. Verdammt schwer.

Sommerfreuden

Brägel auf der Suche nach dem richtigen Ausgleichssport

Wie jedes Jahr verleitet uns der Sommer, mehr Rad zu fahren als sonst, was Probleme mit dem Kreuz, dem Knie oder dem Partner macht. Kurzum – wir sollten zum Ausgleich mal was anderes tun. Neulich kam Brägel mit einem ganzen Arm voll seltsamer Stöcke ins Clubheim und erklärte uns, was Nordic Walking ist. Im Prinzip geht man spazieren und trägt dabei Stangen mit. Angeblich soll das

gut sein für den ganzen Körper, vor allem aber für den Rücken. Nach drei Versuchen bleibt festzustellen: Erstens – es sieht einfach nur doof aus, wenn Männer in Radklamotten spazieren gehen und dabei Gesichter machen, als hätten sie gerade ihre eigene Todesanzeige gelesen. Zweitens – es bringt auch nichts fürs Kreuz, weil 99 Prozent aller Walker ihre Stöcke mit sich tragen wie Einkaufstüten. Würde man es richtig machen, wie einmal der Präsident, kommt es, drittens, leicht zu Verletzungen. Der Präsi hat neulich derart korrekt den Stock nach vorne geworfen, dass er dabei dem alten Hans ein sauberes Loch in die Wade gestochen hat. Kommen wir zu viertens, der sozialen Komponente, weil man Walking ja auch mit dem Partner machen kann. Kann man natürlich nicht, zumindest nicht entspannt. Dazu ein Dialog zwischen Brägel und seiner Viola beim ersten Walking-Versuch:
Viola: »Schau mal da – ein Rotschwanz-Sperber, ach, ist der schön.«
Brägel: »Nein, nicht stehenbleiben, immer weiter, lange Schritte und eins und zwei und …«
»Mein Gott, entspann' dich, ich walke, wie ich will.«
»Du trägst die Stöcke doch nur mit dir rum, kein Zug in den Armen, keine Körperspannung, nix.«
»Spinnst du, ich walke.«
»Tust du nicht, jetzt komm' endlich. Scheißvogel.«
Bevor es zu scheidungsrelevanten Beleidigungen kommen konnte, haben wir abgebrochen. Die Stangen bekam der Wirt des Clubheims, der jetzt im Garten Tomaten daran hochwachsen lässt.
Das mit dem Ausgleichssport blieb bei Brägel aber hängen, wahrscheinlich hat er Probleme mit dem Kreuz. Beim nächsten Stammtisch zeigt er stolz eine Saisonkarte fürs Freibad. »Lasst uns doch mal schwimmen gehen«, sülzt er. Ich erkläre ihm, dass man in Freibädern sicher manches machen kann, nur nicht schwimmen, und dass sein entengleicher Stil eher dazu geeignet ist, aus gesunden kranke Bandscheiben zu machen, aber er kontert nur: »Wir gehen

frühmorgens, da ist es noch nicht voll, und ich schwimme nicht Brust, sondern Kraul.«
Und so kommt es, dass wir an einem sonnigen Sommermorgen mitten in der Woche um kurz nach sieben an der Kasse des Freibads stehen. Die Kassiererin taxiert uns mit Kennerblick als ein mutmaßliches Rudel Arbeitsloser; die älteren Damen mit ihren Margeriten-Badekappen, die seit Kriegsende hier täglich, von verwirrten Bienen umsummt, rege tratschend ihre Bahnen ziehen, verstummen kurz und werfen uns Wir-sind-schon-immer-da-und-wir-machen-keinen-Platz-Blicke zu. Dann schnattern sie weiter. Wir stehen am Beckenrand und ziehen die Bäuche ein, was in Badehosen schwieriger ist als im Trikot. Der Präsident trägt Flossen und eine Taucherbrille, die wahrscheinlich mal Hans Hass gehört hat, als er in den 1940er-Jahren am Roten Meer war. Der alte Hans beginnt etwas aufzupumpen, was er im Internet als »Schwimmtier für Erwachsene« gekauft haben will. Nach zwei Minuten bilden sich an dem fleischfarbenen Teil zwei große Ballons unterhalb einer Art von Gesicht. Klarer Fall – das Ding ist nur eingeschränkt als Luftmatratze zu gebrauchen. Der alte Hans kriegt einen roten Kopf und stammelt was von englischer Website. Wir erklären ihm, dass Pornoversender keine Schwimmtiere verkaufen und ziehen rasch den Stöpsel, bevor die Margeriten-Flotte am Ende noch die Polizei ruft.
Mittlerweile ist Brägel aus der Umkleide zurück. Der Lapp trägt einen einteiligen Profi-Schwimmanzug, der in der Mitte drei Wülste wirft. »Wir schwimmen tausend Meter Kraul«, sagt er und springt ins Becken. »Sie müssen vorher duschen, Sie Schwein«, kräht eine der Damen, aber Brägel hört nichts, weil er noch unter Wasser ist. Als er auftaucht, zeigt er uns, was er meint. Seither weiß ich, warum Kraul auch Freistil genannt wird. Die Damen haben sich zu einer Kampflinie über die ganze Beckenbreite formiert. Brägel quirlt mit Turbobeinschlag auf die Margeriten zu. Mit seinem schwarzen Einteiler sieht er aus wie ein Torpedo mit Antriebs-

schaden. Den Kollisionskurs mit Margerite Nr. 4 sieht er nicht. Dann verschwindet die Dame kurz von der Oberfläche, Brägel schwimmt einfach drüber. Danach dreht er sich um und ruft: »Alter Wasserballertrick, mit der Hand zwischen die Schultern drücken, schon biste drüber.«

Nun ja, der Rest ist schnell erzählt. Margerite 1 bis 3 und 5 bis 9 brüllen nach dem Bademeister, Margerite 4 spuckt ein wenig Wasser und schreit. Nach einer Weile kommt ein bulliger Mann mit weißem Leibchen und kahl rasiertem Schädel auf uns zu. Die Damen haben sich beklagt. Wir seien »Rüpel«, »ungewaschen« und »Lustgreise« (sie haben die Luftmatratze offenbar doch gesehen) und mögen doch jetzt bitte gehen, sagt er. Ich zerre Brägel aus dem Wasser, und dann gehen wir.

Fazit: An drei unserer vor dem Bad geparkten Räder fehlt der Computer, an einem das Vorderrad, der alte Hans hat einen Sonnenbrand, und die zwei Jungs, die tatsächlich vorher unter der Dusche waren, haben drei Tage später Fußpilz.

Wir fahren dann doch lieber wieder Rad – und zwar ausschließlich.

Volle Kontrolle

Das Chaperon-System ist erst der Anfang: Brägel hat ganz eigene Ideen, wie die Tour de France zu einem sauberen Radrennen werden könnte …

Es ist zwar noch hin bis zur nächsten Tour de France, aber das Thema lässt uns nicht los. Zumal Brägel sich Gedanken gemacht hat – was für ziemliche Verwirrung sorgt. Wie immer, wenn Brägel denkt. Also: Der Lapp hat ein Dossier erstellt, das er an einen gewissen Herrn Brüdomm nach Paris schicken will. Bevor wir ihm den richtigen Namen und Adresse verraten, wollen wir wissen, was er sich ausgedacht hat. Brägel bittet also den Radclub zu einem außerordentlichen Stammtisch.

Nach seinem halbstündigen Vortrag herrscht eine Stimmung zwischen Nachdenklichkeit und Entsetzen. Brägel will bei der Tour nur Profis starten lassen, die sich sechs Wochen vorher unter strenger Aufsicht kasernieren lassen. »Im Kloster?«, fragt der alte Hans. Brägel lächelt nur und sagt: »Nein, auf Kuba, in Guantanamo. Auf 200 Leute mehr oder weniger kommt es den Amis sicher nicht an.« Kontakt zur Außenwelt sei verboten; keine Handys, keine Besuche, Training nur auf abgesperrten Straßen, unter Aufsicht schwer bewaffneter Truppen.

Medizinische Behandlung gäbe es nur von einem einzigen Arzt, der von der Tour-Organisation für die sechs Wochen 200 000 Euro bekommt, also unbestechlich ist. Sollte er trotzdem Dopingmittel einschmuggeln, darf er danach weitere fünf Jahre bleiben. Wer von den Profis plötzlich Asthma bekommt oder wegen Gelenkschmerzen Cortison möchte, fliegt sofort raus. Unsere Nachfragen, wie es mit den Menschenrechten sei, wischt Brägel weg. »Wird ja keiner gezwungen. Außerdem machen sie das bei den Keirin-Rennen in Japan ähnlich. Wer die Saison fahren will, muss so lange kaserniert leben, fertig.«
Die Bewachung gelte auch für die Tour. Nichts mehr mit Hotels, Fankontakten und so. Direkt hinter dem Ziel wird ein eingezäuntes Lager mit Massage- und Schlafzelten aufgebaut und von der Gendarmerie gesichert. Das Personal und vor allem die Physiotherapeuten werden streng gefilzt; Verwandte, Journalisten oder Teamchefs dürfen mit den Fahrern nur unter Aufsicht und hinter einer Glasscheibe reden. »Das ist ja wie im Knast«, seufzt der alte

Hans. »Genau«, sagt Brägel. Aber man wisse doch, wirft der Präsi ein, dass auch im Gefängnis Drogen eingeschmuggelt werden, doch Brägel lächelt wieder: »Bei mir nicht. Wer erwischt wird, zahlt 100 000 Euro an die Tour und wird sofort nach Hause geschickt.« Vor meinem geistigen Auge sehe ich schon Reporter in Handschellen, die nicht mehr an ihre Kopfschmerzpillen in der Gesäßtasche gedacht haben.

Das Rennen selbst wird umgemodelt. Damit es keine taktischen Spielereien gibt, beginnt die Tour mit einem Bergzeitfahren, danach kommt eine superschwere Bergetappe über 250 Kilometer mit sechs Pässen der ersten Kategorie und einem HC-Schlussanstieg. Alle Fahrer werden vor und nach den Etappen kontrolliert. Funk wird verboten, damit die Fahrer nicht über die Abstände Bescheid wissen. In jedem Teamauto sitzt ein Polizist, der die vorher unter notarieller Aufsicht abgefüllten Trinkflaschen reicht. Sollte trotzdem einer mit Fremdsubstanzen in Blut oder Urin erwischt werden, wird er direkt im Ziel eingeschläfert. »Bist du wahnsinnig?«, zischt der Präsi, »du kannst die Leute doch nicht einfach hinrichten lassen.« In diesem Punkt gibt Brägel nach und ersetzt »eingeschläfert« durch »lebenslang gesperrt«. Brägels Dossier schließt mit den Worten: »So sind sauberer Radsport und eine spannende Tour garantiert. Vive le vélo, vive la Tour! Ich grüße Sie, Herr Brüdomm. Brägel.«

Wir sagen nur, dass es »le Tour« heißt – danach herrscht betretenes Schweigen. Der alte Hans redet als Erster: »Wenn man das so macht, dann gewinnt ja tatsächlich der Beste.« Brägel nickt. »Und wir wüssten nach zwei Tagen, wer das sein wird«, fügt der Präsident hinzu. Brägel nickt. »Und was sehen wir auf den restlichen 19 Etappen?«, fragt der alte Hans. »Spannenden Radsport, Kampf um Tagessiege, hoffnungsvollen Nachwuchs«, schwärmt Brägel. Nun ja. Ich denke, ohne Funk wird es auch keine Massensprints mehr geben, weil die Ausreißer dann wohl durchkämen. Aber will ich das

sehen – einen Moldawier, einen Franzosen und einen Norweger, und zehn Minuten dahinter das Feld?
Brägel bestellt noch eine Runde Hefe hell samt Fernet. Der Präsi rutscht unruhig auf seinem Stuhl hin und her: »Wenn man das wirklich so machen würde und unsere deutschen Helden gingen am Schlussanstieg fliegen, dann wüssten wir ja genau, dass die andern besser sind.« Brägel runzelt die Stirn. »Und?«, fragt er. »Schau mal«, antwortet der Präsident, »das ganze Dopingtheater hat ja auch was für sich. Wer schneller ist als unsere Profis, ist voll. Und die Spannung, ob einer erwischt wird oder nicht, gehört doch auch ein bisschen dazu. Ich meine, jeden Tag nur saubere Rennen gucken – ich weiß nicht.«
Brägel pfeffert sein Dossier auf den Tisch. »Ihr wollt also, dass alles so bleibt wie es ist!«, donnert er. »Neiiiiiin«, brüllen wir, und der alte Hans nuschelt: »Wir wollen natürlich sauberen Sport, aber alles ganz genau zu wissen, ist doch langweilig.« Dann bestellen wir noch eine Runde Hefe und Fernet. Brägel will sein Dossier trotzdem schicken. Aber wir sind zuversichtlich, dass die Nummer mit Guantanamo nicht klappt. Doch wahrscheinlich findet der Postbote erst gar keinen Herrn Brüdomm in Paris.

Altersvorsorge

Lang dauert's nicht mehr, und Brägel nähert sich dem Seniorenalter. Unerklärlicherweise findet er plötzlich Gefallen daran

Nachdem Brägel bekanntlich seine Ehe doch noch retten konnte, will er sich jetzt um ein harmonisches Jahresende und friedvolle Weihnachten bemühen. Natürlich ein völlig sinnloses Unterfangen, das schon alleine deshalb nicht klappt, weil der Lapp als Geschenk für seine Gattin einen Rennrad-Montageständer besorgen will und eine Kette – allerdings keine vom Juwelier, sondern von Shimano. Es dürfte also eher eine laute als eine stille Nacht werden bei Brägels, aber wir haben ja noch Zeit, ihm Sinnvolleres zu empfehlen – vielleicht ein Paar hübsche Überschuhe oder eine Sattelstütze aus Carbon?
Wir mussten das Thema am Stammtisch aber vertagen, da Brägel ein wenig geknickt erschien. »Na, was ist – späte Herbstdepression?«, fragt der Präsident launig. Brägel schüttelt den Kopf, bestellt ein Hefe hell und erzählt von einem Brief seiner Krankenkasse. Darin stünde, dass er langsam ein Alter erreicht habe, um mal bei einem Urologen vorstellig zu werden. Rein zur Vorsorge, versteht sich. »Alt werden ist nichts für Feiglinge«, greint Brägel. Beim Wort Urologe bekommt der alte Hans glänzende

Augen. Mit wirren Handbewegungen berichtet er von abscheulichen Prozeduren, denen man(n) sich aussetzen muss, von Gummihandschuhen, Urinbechern und Schlimmerem, das man an dieser Stelle unmöglich erwähnen kann. Selbst der Präsi schiebt angewidert sein Schnitzel von sich. Der alte Hans hebt dagegen freudig sein Glas und ruft »Prostata«. Niemand lacht. Brägel sinkt noch mehr in sich zusammen. Der Kerl könnte einem fast leid tun. »Geh doch einfach nicht hin«, rate ich. Aber er sagt nur: »Was sein muss, muss sein.«

Ein paar Tage später ist er aber schon wieder obenauf. Die seltsame Untersuchung, im Branchenjargon »Kleine Hafenrundfahrt« genannt, erwähnt er nur ganz kurz und nur mittelprächtig angewidert. Ins Schwärmen gerät er über einen Wert, der etwas über den Druck aussagt, mit dem ein Mann, nun ja, sein Wasser herauspressen kann. Da sei er ganz, ganz oben da bei, Champions League sozusagen, ölt Brägel. Wir stellen ihn uns vor, wie er mit puterrotem Kopf auf irgendeine Vorrichtung pinkelt und sich hinterher mit dem Doc über den Praxisrekord freut. Sportlicher Ehrgeiz brennt eben immer – leider.

Brägels eindrucksvoller Strahldruck ist aber nicht der Grund seiner Hochstimmung. Altern, sagt er, sei nicht mehr so schlimm. Im Gegenteil. »Wir werden nicht mehr abgeschoben, man kümmert sich um uns, selbst die Industrie.« Brägel präsentiert bunte Prospekte mit Dingern, die früher Rollstuhl hießen. Heute nennt man sie »Scooter«, und sie sehen aus wie bunte Autos vom Rummel. Nach einem Treppenlift hat er sich auch schon umgeschaut. »Sach mal Alter, wann ist die Stützstrumpf-Modenschau?«, ätzt der Präsi, der keine Antwort erwartet, aber eine bekommt. »Donnerstag, 19 Uhr, im Woopie-Center«, sagt Brägel und erklärt, dass Woopie für »well off older people« steht – für wohlhabende, ältere Menschen. Jetzt ist er endgültig durchgeknallt. Wir wissen ja, dass er winters zu Depression und Trittschwäche neigt, aber dieser Alterswahn ist

schon seltsam. »Ihr versteht nix«, frohlockt er, »es gibt keine Alten mehr, nur noch Best Ager. Sogar Sex wird ab 50 besser«, ruft er. »Himmel, wer sagt denn so was?«, fragt der Präsi, und der alte Hans spitzt die Ohren. »Bruce Willis«, donnert Brägel. Nun gut, der sollte es wissen, schließlich ist das der Mann, der in seinen »Die hard«-Filmen alle Probleme dieser Welt ganz einfach löst. »Ich geh da jetzt rein und leg alle um«, sagt er immer. Das tut er dann, und am Ende sinkt eine junge, schöne Frau an seine nackte Schulter, die wie ein Fels aus seinem dreck- und blutverschmierten Unterhemd ragt. Also wenn der das sagt, könnte tatsächlich was dran sein.
Aber ganz nebenbei, was soll die Eile mit dem Alter? Noch fahren wir dreimal die Woche gut zwei Stunden Rennrad ohne von Rollator-Rentnern überholt zu werden, und das bei jedem Wetter. »Schon«, sagt Brägel, »aber wir sollten vorbereitet sein.« Dann zeigt er uns sein neues Handy mit riesigen Tasten und riesigem Display. Fürs Radeln hat er Ideen, die er einem Hersteller namens Forever-

fit vorstellen will. Ein kleiner Hubwagen, um hüftsteife Oldies in den Sattel zu hieven, sensorgesteuerte Stützräder, die sich ab einem ungesunden Neigungswinkel ausfahren, und eine Flasche, die den Sattelsenior alle 20 Minuten akustisch ans Trinken erinnert. »Ihr wisst doch, alte Leute vergessen oft zu trinken«, sagt er. Wussten wir nicht. Zu guter Letzt berichtet er von einem automatischen Rückenwind in Form eines Mini-Elektromotors im Sattelrohr. »Gibt's schon«, säuselt der alte Hans. »Stimmt«, sagt Brägel, »aber nicht mit 400 Watt.«

Das wird ein unruhiger Winter. Wir fragen uns aber weiter nach Brägels Beweggründen. Er sieht zwar am Berg oft ganz schön alt aus, aber auf dem Papier ist er noch nicht einmal 50. Und das Trinken hat er auch noch nie vergessen – zumindest kein Hefe hell.

Holiday on Ice

Brägel glaubt, die Lösung gegen Winterfrust gefunden zu haben: ein kombinierter Ski- und Radurlaub …

Brägel trägt neuerdings Gips. Wegen einer Handgelenksfraktur – ein hübsches Souvenir aus dem Winterurlaub. Und das kam so: Brägelchen wollte in diesem Winter das Radeln mit einem Skiurlaub kombinieren, was natürlich schief ging. Das fing schon damit an, dass er an ein altes Rennrad Crossreifen montierte und damit auf der Skipiste fahren wollte. Brägel hat tatsächlich versucht, die Talabfahrt hochzustrampeln, was die vom Liftburschen mit dem Hinweis »Bist narrisch, Piefke!?« sofort unterbanden. Beleidigt wechselte er auf die Straße, kam aber auf der Mischung aus Schneematsch, Split, Pfützen und Eisplatten auch nicht richtig in Tritt. Den Arm hat er sich dann ein paar Tage später beim Radeln in der Loipe gebrochen. In einer leichten Linkskurve rutschte ihm das Vorderrad aus der Spur und brach im weichen Schnee ein. Brägel flog über den Lenker und zur Gaudi der Gäste in die Holzterrasse der »Happy Kratzmoosalm«. »Bitt'schön, schaut's eich den Deppen an«, frohlockte der Wirt und brachte Brägel ein Gratis-Schnapserl für die tolle Show.

Jetzt ist er zurück, sitzt am Stammtisch und erzählt, was man heutzutage in einem Skiurlaub so alles erleben kann. Es fing damit an, dass sein Hotel in einem unaussprechlichen Tiroler Seitental aus

etwa 23 ineinander verschachtelten Häusern und Hütten bestand. Die »Wellness-Oase Wintertraum« versprach im Prospekt »ein Erlebnis für alle Sinne«. An der Rezeption werden Brägel und seine Viola von einem ölig lächelnden Kerl in Lederhose und Holzfällerhemd in Empfang genommen, der sie sofort duzt und sagt, er sei der Xaver und sozusagen der gute Geist des Hauses. Dann stellt Xaver fest, dass Brägel eine Wampe hätte und Viola etwas müde Augen, aber dafür gäbe es Hilfe im neuen Spa des Hauses. »Schaut's amol vorbei«, sülzt der Xaver. Den Weg zur »Panoramasuite Harmonie« im orangen Teil des Anwesens müssen sich Viola und Brägel mittels Farbleitsystem auf den Fluren aber selbst suchen. Nach einer halben Stunde Fußmarsch sind sie da, das Panorama besteht aus dem Blick in einen Saunagarten, in dem zwei nackte Männer mit Pudelmützen stehen, was etwas seltsam aussieht.

Brägel macht sich auf die Suche nach dem Skikeller und findet ein fensterloses Kellerloch, in dem es nach Schweißfüßen stinkt und gerade mal sieben Paar Ski stehen. Zurück im Zimmer, empfängt ihn Viola mit dem telefonbuchdicken Wellness-Katalog des Hauses. »Wir müssen was tun«, sagt sie, »ich für meine Haut und du gegen deinen Bauch.« »Ich will Ski und Rad fahren«, antwortet Brägel, kommt damit aber nicht richtig durch. Viola ordert für ihn ein »Revital-Body-Refreshing-Package« mit sechs Anwendungen zum Vorzugspreis für Hausgäste von 396 Euro (statt 399 Euro), sie gönnt sich das »Skin-Farewell-Power-Oxygen-Menue« mit Lymphdrainage für fast geschenkte 496 Euro, schließlich ist da auch noch ein Dekolleté-Peeling dabei.

Am nächsten Morgen schleicht Brägel heimlich zum Skikeller, wird aber von Xaver abgefangen, der jetzt einen Turban trägt, sich Herr Singh nennt und für indische Kernölmassagen zuständig ist. »I hob im Sommer an Kurs g'mocht«, sagt er zur Brägel und führt ihn in einen Raum, wo Wasser über einen Plastikfelsen plätschert und Entspannungsmusik läuft. In der Mitte des Raumes stehen zwei Bottiche mit sprudelndem Wasser. In einem liegt ein dicker Mann und gibt seltsame Töne von sich. Brägel wird von Singh an eine strenge Frau mit slawischem Akzent übergeben, die ihn zwingt, sich auszuziehen und in den anderen Bottich zu steigen. Die Frau dreht an einem Knopf, das Wasser sprudelt und die Walküre sagt: »Wasserrrdynamik-Badel Oxygen mit Aromen von Frühlingswiesen, bittäää«. Dann ist sie weg. Der Dicke nebenan stöhnt und riecht säuerlich, Brägel kann durch ein winziges Fenster auf die Piste schauen, wo glückliche Menschen in der Sonne Ski fahren. Morgen mache ich das auch, denkt sich Brägel.

Im Zimmer trifft er auf Viola, die nach einem »Sensitive-Energy-Peeling« aussieht, als wäre ihr einer mit Schleifpapier übers Gesicht gefahren. Und sie steckt wie die anderen Wellness-Zombies in einem viel zu großen weißen Hotel-Bademantel. Ski fahren könne

sie mit der gereizten Haut morgen nicht, sagt sie. Brägel beschließt, dem Unfug ein Ende zu machen und schreit am nächsten Morgen bei der Sesamöl-Massage von Xaver Singh so laut um Hilfe, dass ihn das Hotel kostenneutral aus seinem Wellness-Arrangement entlässt. Viola sieht mittlerweile aus wie ein Hefekloß mit Pickeln, findet aber Wellness toll und Brägel peinlich.
Brägel ist das egal. Er fährt vormittags Ski und nachmittags Rad, bis er am vierten Tag auf der Schnauze liegt. »Wären's halt im Haus blieben«, ätzt Xaver und bietet Brägel ein »isokinetisches, niederfrequentes Muskeltraining nach Dr. Huber« an. Brägel lehnt ab und verbringt den Rest der Woche an der Schneebar der Happy Kratzmoosalm. Nächsten Winter will er wieder zum Radeln nach Mallorca.

For ä nju imitsch

Von wegen, Französisch sei die Sprache des Radsports: Dessen Welt ist durchsetzt mit Anglizismen – und Brägel will diese Entwicklung noch vorantreiben

Das Ganze fing damit an, dass Brägel neulich einen Brief bekam, den er nicht verstand. Das ist im Prinzip nicht ungewöhnlich, aber dieser Brief, eine Werbung, war wirklich eindrucksvoll. Brägel sei ja nun bald ein Best-Ager (Bäst-Eitscher) stand da, also ein Man

(Mähn) der einen riesigen Benefit (Benefit) von Anti-Stress-Programmen hätte, die man ihm totally exclusive (toutälli-exkluhsiff) anbieten könne. Der Brief endete mit den Worten: We have the perfect solution (Wie häf ... ach, vergiss es). »Wo leben wir eigentlich«, fragt Brägel am Stammtisch, »in Amiland?«

Das nun nicht, aber es ist wohl schon so, dass unsere Sprache Schritt für Schritt den Bach runtergeht. Wer heute was erklären oder gar verkaufen will, tut das auf Englisch, sogar wenn es langweiliger klingt als Deutsch. Warum, zum Beispiel, unsere altehrwürdige Lufthansa sperrig mit »There ist no better way to fly« auf ihre Kunden losgeht, weiß kein Mensch, und wir verstehen auch nicht wirklich, warum man Parfüms in Läden kaufen soll, wo man erst in-kammen muss um etwas aut-zu-feinden, oder so ähnlich. Den Vogel schießt die Telekom ab, bei der das letzte deutsche Wort offensichtlich »Festnetz« heißt. Das verwundert nachgerade, würde doch »landline« gar nicht schlecht saunden, oder?

Zu Beginn unseres Stammtisch-Abends möchte Brägel deshalb gerne zum Hüter der deutschen Sprache im Radsport werden. Ein ehrenwertes aber schwieriges Unterfangen, heißt doch sogar unser Sportgerät schon seit Jahren so ähnlich, wie man früher in Ostdeutschland kleine Jungs getauft hat. Raik fährt Bike, oder so. »Gib's auf«, sagt der alte Hans, »du musst dich anpassen, die Schlacht ist längst verloren.« Brägel schüttelt nur den Kopf. »Das sagst ausgerechnet du. Bis vor kurzem hast du doch Daily Soap noch für eine Tagessuppe gehalten.« Dem Gesichtsausdruck nach glaubt der alte Hans das immer noch, aber egal. Es ist allerdings eine gute Frage, warum ein simples Laufrad ein Wheel sein muss; warum alles, was man ans Rad schrauben kann, ein Component ist; warum mein Wohnzimmer auf einmal Indoor heißt, wenn ich den Rollentrainer darin aufbaue; oder warum ich mich neuerdings mitten in Deutschland in Cycling Halls treffen kann, was im übrigen nichts mit Kirchen zu tun hat.

Nach zwei Hefe hell zeichnet sich bei Brägel allerdings ein Sinneswandel ab. Er findet immer mehr Spaß daran, nach englischen Vokabeln für unsere radsportlichen Umtriebe zu forschen. Im Verhältnis zum Skifahren, wo ein simples Brett jetzt schon Funtool (Fanntuhl) heißt, oder dem berüchtigten Bergrad (Mauntänbaik) ginge es bei uns ja noch altdeutsch zu. Das sei zwar einerseits schön, andererseits aber auch altbacken in einem Land, in dem selbst allerdämlichste Anglizismen (Ou tu kän du, oder: Wiß kännen ju kän) bejubelt werden. Brägel tritt deshalb plötzlich für die komplette Anglisierung des Radsports ein. »Für was?«, raunzt der alte Hans. »For a new image, you bloody fool«, kräht Brägel. Und dann geht er ein Rennrad im Einzelnen durch. Bike und Wheel gäbe es ja schon, aus Lenker machen wir Handle Bar, aus Sattel Saddle, aus Speiche Spoke und aus Vorbau Rack. Nun ja, die ersten drei Dinge gingen ja noch, mit Rack meint der Ami aber eher den weiblichen Vorbau – aber dieses Wort ist in der Alltagssprache eh eher selten. »Was bedeutet eigentlich ›High-End‹?«, fragt plötzlich der alte Hans. »Nun ja«, sagt Brägel, »wahrscheinlich »›hohes Ende‹, warum?« Das ist natürlich Quatsch, aber genau können wir es dem alten Hans auch nicht erklären. Hightech, ja, das kennen wir, das bedeutet, dass das Rad mit allerlei technischem Schnickschnack aufgemotzt ist. High-End, vermuten wir mal, will uns dann sagen, dass das Teil sehr, sehr teuer ist, wobei Hai-Änd deutlich entspannter klingt als sauteuer, das stimmt schon. »Wahrscheinlich ist das der Grund«, mutmaßt Brägel, »Englisch kommt einfach irgendwie netter und fetziger rüber als Deutsch.« Wir wissen es nicht, haben aber unsere Zweifel.

Am Ende des Abends ist uns allen klar, dass wir die Welt nicht mehr ändern werden. Früher sprach man hierzulande Deutsch, jetzt Denglisch und in 30 Jahren nur noch Englisch. Natürlich finden wir das schlimm, aber da die meisten von uns dann eh kaum noch leben werden, kann es uns auch egal sein. Es geht schließlich nicht um den Weltuntergang. Und Rad fahren wird immer Rad fahren bleiben, egal, wie man darüber redet. Das tröstet uns dann doch ein bisschen. »See you tomorrow!«, sagt Brägel und verlässt das Clubheim. Draußen parkt sein Wähn, oder wie das heißt. Ein Wähn ist ein Auto, das etwas größer ist als eine normale Kutsche und etwas kleiner als ein Lastwagen – aber so genau weiß ich das ehrlich gesagt auch wieder nicht.

Schönheit muss leiden …

… doch dass der Weg zu einem windschnittigen Athletenkörper so schmerzhaft sein würde, hätte Brägel auch nicht gedacht

Ein markerschütternder Schrei klingt aus dem Nebenzimmer des Clubheims. Wir hören die klägliche Stimme des Präsidenten, die in ein weinerliches Wimmern übergeht. »Muss das wirklich sein?«, frage ich Brägel, der mit ernster Miene nickt. »Es muss«, sagt er, »es hält einfach länger.« In zehn Minuten wird er dran sein, dann der alte Hans … und irgendwann ich. Brägel hat eine Kosmetikerin aus dem »Salon Barbara« einbestellt, die mit einer mobilen Liege und einem Folterkoffer angereist ist und jetzt nebenan den Präsi mit einer Wachsenthaarung foltert.

Begonnen hat das Ganze, als sich Brägel neulich ein paar Haarbüschel in Nase und Ohren mit Enthaarungscreme weggeätzt hat und dann zwei Wochen unter Riechstörungen und Ohrenbluten litt. Mal abgesehen davon, dass sich kein normaler Mensch Enthaarungscreme in Nase oder Gehörgang schmiert, war der Unfall nur eine Randerscheinung seiner frühjährlichen Beinenthaarung. Brägel benutzt dazu Cremes aus dem Supermarkt, die nach Schwefel stinken und Pickel oder schwärende Brandwunden produzieren, wenn man sie zehn Sekunden zu lang einwirken lässt.

Für ihn ist das aber noch allemal ungefährlicher als rasieren – da hat er sich vor Jahren mit einem abgenutzten Einweg-Schaber sozusagen die Kniescheibe skalpiert und musste drei Wochen aussetzen. Seither nimmt er Creme. Bis er jüngst in einer Männerzeitschrift (!) von Wachsenthaarung gehört hat. Und jetzt haben wir den Salat.
Bisher war es ja so, dass wir uns im Frühjahr ein wenig die Beine geglättet haben, weil es erstens besser aussieht und wir dann zweitens dieses Öl auftragen können, das ein wenig nach Kaugummi und Profisport riecht, das aber sonst kein Mensch braucht. Davon mal abgesehen, blieben die Haare dran – und zwar alle und überall. Aber das geht ja nun nicht mehr. Männer müssen heutzutage glatt sein wie ein Säuglingspopo. Sagt wenigstens Brägel, der das Wort Haare derart angewidert ausspricht, als handele es sich um Krötenschleim. Fell ist nur noch auf dem Kopf und als Augenbraue zulässig. Dezent gekürzt, nachgefärbt und getrimmt dürfen auch noch ein paar Haare in einem Bereich übrig bleiben, der bei Männern keinen Namen hat und bei Frauen Bikinizone heißt.
Nebenan schreit wieder der Präsident, und wir bestellen alle noch schnell Hefe hell. Der alte Hans möchte damit gerne prophylaktisch zwei Aspirin runterspülen, was wir ihm aber ausreden. »Lass lieber sein, vielleicht blutet man danach«, sagt Brägel. Aber gut, wer schön sein will muss leiden. Nur – warum darf man als Mann eigentlich keine Haare mehr haben? Brägel erklärt, dass das immer schon so war. Er erzählt von alten Sandalenfilmen, in denen römische Gladiatoren und Charlton Heston als Ben Hur mit haarloser, eingeölter Brust aufeinander eindroschen und die Frauen im Kino ganz wuschig wurden. Auch Indiana Jones sei glatt, Stallone und Schwarzenegger sowieso. Wir bringen Sean Connery ins Spiel – der sah früher als James Bond aus, als hätte er eine Kokosmatte auf der Brust –, dringen aber nicht durch. Brägel ist überzeugt von der erotischen Wirkung glatter Haut und sagt, dass die letzten Frauen, die

haarige Männer mögen, in unzugänglichen Bergregionen Neuseelands und im ewigen Eis des skandinavischen Nordens leben würden. Stünde zumindest in seiner Männerzeitschrift. »Wenn der Präsident weiter so schreit, wandere ich nach Norwegen aus«, flüstert der alte Hans. Wir nicken und fragen Brägel, was Fräulein Sabine gerade mit dem Präsidenten macht. Brägel erklärt, dass sie ihm, vereinfacht gesagt, Klebestreifen unter die Arme, auf Brust, Beine und Rücken klebt und dann mit einem Ruck runterreißt. »Danach hast du drei Monate Ruhe«, sagt er.
Ich frage mich nur, warum? Radelnde Männer haben nur selten Oberkörper wie Stallone oder Schwarzenegger. Und wenn, dann kommen sie keinen Berg hoch. Meines Wissens haben die meisten von uns Frauen, die nicht aus Neuseeland kommen, und überhaupt sind wir in einem Alter, in dem man nicht mehr nachmittags im

Freibad mit eingezogenem Bauch ums Becken pirscht. »Ach was«, zischt Brägel, »denkt doch mal weiter. Im Sommer nur mit Trägerhose auf dem Rad, die makellose Schönheit wenn der Schweiß über die blanke Brust fließt. Toll, oder?« Nun ja, angesichts der Brägelschen Hüftringe dürfte sich wohl niemand für seine rasierte Brust interessieren.

Der Präsi ist fertig. Langsam schlurft er an unseren Tisch. Er könne nicht schneller, weil sonst der Stoff an seiner wunden Haut reibe. Wir wollen natürlich alles begutachten, und der Präsi schiebt wimmernd sein Shirt hoch. Er sieht aus wie eine frisch aufgetaute Poularde aus dem Supermarkt. Weiße, grobporige Haut mit roten Pusteln. Er müsse jetzt drei Tage Feuchtigkeitscreme auftragen, dann dürfe er ins Solarium, erklärt er. Fräulein Sabine winkt Brägel zu sich, ihre Handschuhe wirken blutig. Der Lapp steht tatsächlich auf und geht ins Nebenzimmer. Nur 30 Sekunden später beginnt auch er zu schreien. Wir anderen zahlen schnell und hauen ab. Wenn es draußen jetzt richtig warm wird, werde ich mir natürlich wieder die Beine rasieren. Aber der Rest bleibt dran. Sicher.

Ethikcode

In Zeiten wie diesen ist es hilfreich, moralische Leitlinien zu haben, an die man sich halten kann – natürlich auch im Radclub

Die Stimmung im Club ist zurzeit etwas angespannt. Kein Wunder: In ein paar Tagen beginnt die Tour de France, und wir müssen uns etwas zur Vorfreude zwingen. Das war früher mal anders, aber wir sehen halt keinen deutschen Podiumskandidaten im Feld. Keine tollen Aussichten also, und die wirken sich auch auf das Klima bei unseren Ausfahrten aus. Irgendwie war's bei uns auch schon harmonischer und weniger ruppig.

Brägel hat deshalb die Idee, dass wir eine Art Ethikcode für unsere Ausfahrten bräuchten. Nach dem ersten Hefe hell schlägt der Präsident Paragraf eins vor: »Unser Verhältnis zu anderen Radfahrern und Automobilisten ist von Respekt und Rücksicht geprägt. Unflätige Worte sind zu unterbleiben, wir fahren friedlich und unbewaffnet.« Allgemeines Nicken. Er hat recht. Wir müssen nun endlich aufhören, hupenden Autofahrern an der nächsten Ampel Elektrolytplörre über die Windschutzscheibe zu kippen. Der alte Hans nuschelt, dass er sich aber ohne seinen Gasrevolver im Trikot künftig ein wenig schutzlos fühlen wird. »Du hast eine Wumme dabei?«, fragt Brägel entgeistert. »Klar«, sagt Hans, »schon seit Jahren, aber so gut wie ungeladen; nur ein paar winzige Pfefferpatrönchen.« Kein Zweifel, der Ethikcode ist überfällig. Hans muss die Knarre vor der nächsten Ausfahrt beim Präsi abgeben oder zu Hause bleiben.

Paragraf zwei hat Brägel schon mal vorformuliert: »Beim Windschattenfahren in Formation hat jeder die gleiche Führungsarbeit zu leisten. Drückeberger müssen zur Strafe 20-mal ›Ich bin ein böser Lutscher‹ aufschreiben und die Zeche nach dem Training zahlen.« Grundsätzlich wird das abgenickt, der Passus mit der Zeche allerdings durch ein »sollte sich schämen« ersetzt. Zusätzlich wird festgelegt, dass Nase ausblasen und seitliches Spucken nur jeweils dem Letzten des Zuges gestattet sein soll. »Warum?«, fragt der alte Hans, aber keiner antwortet. Zum zweiten Hefe hell kommt vom Präsident Paragraf drei: »Unsere Fahrräder sind mit Licht, Rückstrahlern und Klingeln ausgestattet. Wir fahren grundsätzlich mit

Helm.« Nach einigen Tumulten heißt Paragraph drei in der Schlussversion: »Wir fahren mit geeignetem Kopfschutz.«
Vollends mit der Ruhe vorbei ist es, als Brägel sein Anliegen als Paragraf vier vorträgt: »Wir fahren im einheitlichen Clubtrikot. Verboten sind Tennis- oder Wandersocken und weiße Radschuhe, ebenso wie Piratenkopftücher, Retro-Sonnenbrillen, Trikots von Kelme, Mapei, Gan, PDM oder Team Stuttgart und Handschuhe mit Netzrücken in den deutschen Nationalfarben. Über Erweiterungen dieser Liste und das korrekte Aussehen überhaupt entscheidet künftig der Herr Brägel, dessen Anordnungen Folge zu leisten sind.« Erst ungläubiges Schweigen, dann Getöse. »Das warst doch du, der selbst mit Turbowampe jahrelang in diesem peinlichen Zeitfahr-Einteiler von Banesto rumgefahren ist!«, schreit der Präsident. Der alte Hans macht klar, dass er eher mit dem Sport aufhört, als auf seine geliebte PDM-Hose zu verzichten. Das sehen wir alle so: Brägel als Herr über Stilfragen – unvorstellbar! Wir einigen uns darauf, dass das Clubtrikot Priorität hat, und ansonsten jeder wenigstens kurz in den Spiegel guckt, ehe er sich in den Sattel schwingt. Endfassung des Paragrafen vier: »Die Mitglieder des Radclubs sehen gut aus.«
Nach dem dritten Bier verkündet Brägel seinen Vorschlag zum Paragrafen fünf: »Wir fahren nach den Regeln der Straßenverkehrsordnung (StVO).« Klingt harmlos, ist es aber nicht. »Müssen wir dann an roten Ampeln halten?«, fragt der Präsident. Brägel nickt. »Heißt das immer brav Radweg?«, will der alte Hans wissen. Brägel nuschelt »meistens«. Nach dieser seltsamen Ordnung ist es nicht gestattet, in Zweierreihe zu fahren, innerhalb geschlossener Ortschaften zu pinkeln, Autos rechts zu überholen oder das Waschbenzin von der Kettenreinigung in den Gully am Straßenrand zu kippen. Noch nicht mal angetrunken nach Hause fahren darf man, auch nicht auf dem Radweg. »Aber im Rausch nach Hause laufen, das darf ich dann schon noch, oder?«, ätzt der alte Hans. »Streng

genommen nicht mal das«, antwortet Brägel, der dabei ein klein wenig geknickt klingt.
Wir kommen zu dem Ergebnis, dass diese sogenannte Straßenverkehrsordnung das Ende für uns bedeuten würde. Der finale Paragraf fünf unseres Ethikcodes lautet deshalb nun: »Wir fahren umsichtig.« An diesem Abend sind wir alle stolz nach Hause gewankt. In Zeiten wie diesen ist es hilfreich, moralische Leitlinien zu haben, an die man sich halten kann – natürlich auch im Radclub.